やせる

肥満とダイエットの心理

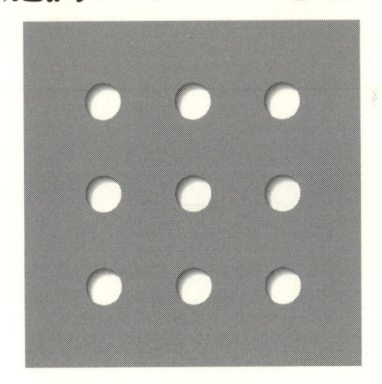

行動科学ブックレット 3

日本行動科学学会 編
今田純雄 著

二瓶社

目　次

第1章　肥満と低体重（やせ）の現状 …………5
　第1節　序 …………5
　第2節　体型の評価方法（BMI） …………7
　第3節　肥満と低体重（やせ）の現状 …………9

第2章　人はなぜ太るのか …………20
　第1節　食行動制御の仕組み …………20
　第2節　3つのタイプの食行動 …………21
　第3節　過食の境界モデル …………27
　第4節　エネルギー・ホメオスタシス …………32
　第5節　現代の食環境と肥満化 …………36

第3章　かしこくやせる …………45
　第1節　なぜやせることが難しいのか …………45
　　1）肥満・過体重者の場合 …………47
　　2）低体重者（やせ）の場合 …………50
　第2節　やせる方法 …………54
　　1）手術 …………54
　　2）物理的治療 …………55
　　3）薬物治療 …………55
　　4）"魔法の薬"（サプリメント） …………56
　　5）喫煙 …………58
　　6）摂食制限（ダイエット） …………58
　　7）運動（エクササイズ） …………60
　第3節　幸せに生きるために …………62
　　1）生活のリズムを安定させる …………64
　　2）身体を動かす …………64
　　3）無理をしない …………64
　　4）塩分をひかえる …………65
　　5）「適度に太め」のよさをイメージする …………65
　　6）おいしく、楽しく食べる …………66
　　7）満腹感ではなく満足感を …………67
　　8）ケ（単調でありふれた）の食卓を …………67
　第4節　おわりに …………69

あとがき …………73

表紙・扉　装幀　森本良成

第1章　肥満と低体重（やせ）の現状

第1節　序

　食べることは多くの人々に共有される"楽しみ"の一つである。深夜に一人で食べるカップ麺のおいしさもあれば、家族や気のあった友人たちと、湯気の立ち上る鍋を囲む楽しさなど、例をあげればキリがない。食べる対象がどのようなものであれ、また食べる状況がどのようなものであれ、食べることの"楽しさ"は、われわれに大きな"喜び"と、生きていることの充実感、生きていくことに対する希望を与えてくれる。

　しかしながら現代社会において、この"楽しみ"を否定し、放棄しなければならないと感じる人々が増加しつつある。それには2つの背景がある。第1は、1990年代に入って以降、毎年のように新聞マスコミをにぎわせるようになった食にかかわる多くの事件や事故である。本稿執筆時点である2006年秋には、ようやく再開されたアメリカ産牛肉の輸入によって、期間限定ながらも、ファーストフードチェーン店のカウンターで牛丼を食べる光景が再見されるようになった。しかしながら、多くの人々はもはや以前のように牛丼を楽しめない。頭の片隅に、BSEという文字が見え隠れするためである。食の安全性への懐疑、食物に対する不信、それに基づく食べることへの不安は、多くの人をして、食べる"楽しみ"に没入することを許さなくなった。

　第2は、"太る"ことへの危惧、不安である。これには、さらに2つの背景がある。第1のものは"太る"ことに対する健康上の懸念である。本章第3節で詳しく述べるが現在、日本を含めた欧米諸国の多くは、肥満者、

過体重者の急激な増加に頭を痛めている。欧米諸国の中ではアメリカが特に顕著であり、全体でみれば、国民の1/3強が肥満者であり、過体重者は半数を超える。日本の場合も、日本独自の肥満度基準を適用すれば、国民の4割ほどが肥満者となる。特に中高年男性に肥満傾向が顕著であり、健康診断や人間ドックの場においては、半数近くの人がメタボリックシンドローム（あるいはその予備群）であるとの警告を受けるはずである。今以上に太ると（あるいは減量を急がなければ）、心臓疾患、糖尿病、脳血管系疾患、高脂血症といった生活習慣病に罹患する（すでに罹患している人はより重症となり、場合によれば死亡する）との警告である。

　肉汁のしたたりおちるステーキをほおばることは、多くの人々にとってこの上もない"喜び"である。しかし、メタボリックシンドロームと警告された人々（メタボリックシンドロームのおおまかな目安は、男性でウェストのサイズが85cm以上であること）は、不安を感じながら食べるか、食べることの"喜び"を放棄してしまう（食べない）かの選択を迫られる。近年増加の一途をたどる過体重・肥満者にとって食べることは、"楽しみ"というよりも健康障害に対する不安、恐怖を喚起するものとなりつつある。

　第2の背景は、女性に広くみられる痩身願望である。今、大学のキャンパスで「あなたはやせたいと思いますか」「あなたは、これまでに、やせたいと思ったことがありますか」と質問すれば、ほとんどの女子学生は肯定的な回答をする。さらに「ダイエットをしていますか（したことがありますか）」という質問を続けると、多くの女子学生が「はい」と答える。女性の多くは"やせる"ことを願望し、また日常的に"やせる"努力をしている。彼女らの太ることに対する恐怖心はつよく、BMI＜18.5の低体重者であっても、その多くは体重の増加を望んでいない（BMIの算出方法は次節で説明する）。

　食べることの"楽しさ"を高めてくれるものは、食物の"おいしさ"である。しかしながら"おいしい"食物は、高カロリーかつ高脂質であるこ

とが一般的であり、体重増加をまねく可能性が高い。"おいしい"ものを食べる喜びは、太るかもしれないという不安、恐怖さらには太ってしまったという悲しみなど、ネガティブな感情を喚起させる。このように、食べるという行為は、多くの現代人にとって、快と不快というアンビバレント（両面価値）な感情体験をもたらせるものとなっている。

　本ブックレットでとりあげるテーマは、やせることである。やせることが求められている人たちの問題と、健康上はやせる必要がないにもかかわらず、やせたがっている人たちの問題をとりあげる。本章では、肥満者（過体重者）と低体重者の急激な増加という地球的規模の現象をとりあげる。第2章では、どうしてやせることが難しいのかという問題を取り扱う。この問題については、遺伝、生物、生理といった観点から書かれた数多くの書物が出版されており、インターネット上でも膨大な情報が行き渡っている。本ブックレットでは、食行動科学、食心理の観点から検討していく。第3章は、やせるための方法に関する問題を論じる。安価、簡便にして安全かつ効果的な減量方法など存在しない。第3章ではそのような"常識"をふまえた上で、現代の飽食という食環境に対処する方法について考えていきたい。

第2節　体型の評価方法（BMI）

　本ブックレットでは、肥満、やせという体型の評価を、BMIという指標を用いておこなっていく。ここで若干の説明をしておきたい。BMIとは体重を身長の2乗で割った数値である（ただし身長はm、体重はkgで計算する）。自分自身のBMI値を知らない人はぜひ計算していただきたい。女性ならば大半の人は18から25までの数値になると思われる。男性は20あたりから30あたりまで広がるかもしれない。いずれにせよ、3桁になったり10以下の数字になったりすることはない。

現在、WHO（世界保健機構）ではBMIが30を超える場合を肥満と定義している。日本では、BMIが25を超えると肥満に起因する疾病（合併症）の罹患率が高まることから、日本肥満学会（2000）によってBMI≧25が肥満であると決められた。また、地方公務員男子3,500名の検診結果から、合併症率の最も少ない値が22.2であったことから、BMIの標準値を22と定め、22から25までを過体重（太り気味）としている。現在、医療、行政機関ともにこの基準を採用しており、日本における標準的な肥満（体型）の評価基準となっている。このように、WHOの基準と日本の基準が異なっていることに注意が必要である。なお、やせについては、WHOの基準も日本の基準も変わらず、18.5未満の場合を低体重（やせ）と定義している。

表1-1　BMIによる体型（肥満）評価

BMI	日本	WHO	U.S.A.
18.5未満	低体重（やせ）	低体重（やせ）	低体重（やせ）
18.5～25.0未満	普通体重（普通）	普通体重	普通体重
（22.0～25.0未満）	（過体重）	（普通体重）	（普通体重）
25.0～30.0未満	肥満1度（肥満）	過体重	過体重
30.0～35.0未満	肥満2度（中度肥満）	肥満	肥満
35.0～40.0未満	肥満3度（高度肥満）	肥満	肥満
40.0以上	肥満4度（超高度肥満）	肥満	高度肥満
（50.0以上）	－	－	（超高度肥満）

*BMI=体重:Kg／身長:m^2

　BMIによる判定は骨格、筋肉の程度を考慮していないという問題がある。短距離走者やアメリカンフットボール選手などはBMIが30を超えている者もめずらしくない。しかしながら、彼らの体脂肪は同体重の一般人と比較してはるかに少ない。太ることが推奨されている力士であってすら、その体脂肪率は平均で23.5％であり、肥満（30％以上）ではないという調査結果もある。さらに身長がいちじるしく変化する幼児、児童に適用することは困難であり、学校保健統計では別の指標が使われている。このような問題はあるが、容易に算出できることから、現在のところ、成人につい

ては、BMI が過体重、肥満、やせの問題を論じる際の一般的な体型評価値となっている。

第3節　肥満と低体重（やせ）の現状

　WHO（世界保健機構）のホームページ（http://www.who.int/en/）に入ると世界の国々の健康に関する最新情報が入手できる。左側のメニューから"Health topics"に入り、さらに選択画面から"Obesity"を選ぶ。その画面より"WHO Global InfoBase: health statistics on choronic disease"を選択し、さらに"Compare Countries"を選択する。そうすると、直近年（2006年11月段階では2005年）における肥満大国トップ5の情報が得られる。画面上で若干の操作をすればさらに任意の5カ国を追加することができる。図1-1に示したものは、肥満大国トップ5の上位4ヶ国に日本、韓国、中国、アメリカ、イギリス、オーストラリアの6ヶ国を加えたものである。なお、ここでの肥満者の定義はBMIが30以上である

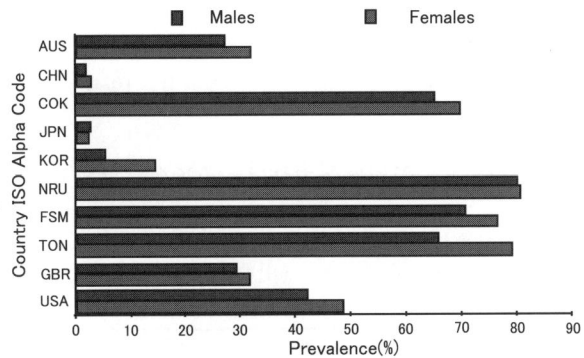

図1-1　世界10ヶ国における30歳以上成人人口に対して肥満者（BMI ≧ 30）の占める割合（出典：WHOのホームページ, Date: 2006/11/15, AUS：オーストラリア, CHN：中国, COK：クック諸島, JPN：日本, KOR：韓国, NRU：ナウル, FSM：ミクロネシア連邦, TON：トンガ, GBR：イギリス, USA：アメリカ）

こと、30歳以上の成人を対象としていること、さらに WHO が入手した各国 2005 年の統計資料に基づくものであることに注意されたい。

図 1-1 を見ると、肥満大国上位 4 ヶ国（ナウル、ミクロネシア連邦、トンガ、クック諸島）では肥満者の比率が 70％から 80％を超える数値であることに驚かされる。同時にそれらの国々が南太平洋の小さな国々であることにも驚かされる。北半球に目をやれば、アメリカが男性で 42.3％、女性で 48.6％とすでに国民の半数近くが肥満者である。イギリス、オーストラリアがそれに続いて 30％前後である。一方で、日本、韓国、中国の肥満者割合は総じて低く、韓国の女性が 14.4％と突出していることが目につく。肥満は一部の発展途上国（主に都市部）において極端に進行してはいるが、欧米を中心とした北半球の"豊かな"国々で急速に進行中のものであるといえる。WHO によれば、2005 年の世界人口（15 歳以上）65 億人のうち、16 億人が過体重者であり、少なくとも 4 億人が肥満者である。さらに 2015 年までに、過体重者は 23 億人、成人肥満者は 7 億人を上回るだろうと予想している。

アメリカの現状をもう少し詳しくみていこう。表 1-2 は、アメリカ肥満学会のホームページに掲示されている資料である（http://www.obesity.org/）。1980 年代以降、肥満者は増加の傾向にあり、1999-2000 年では、国民（20 歳以上の成人）の 3 人に 2 人は過体重者であり、3 人に 1 人は肥満者であることがわかる。予想値とすれば、2025 年には成人の半数近

表 1-2　アメリカにおける成人人口（20 歳以上）に対する肥満・過体重者の割合（％）（出典：アメリカ肥満学会のホームページ, http://www.obesity.org/）

	過体重 (BMI≧25)	肥満 (BMI≧30)	高度肥満 (BMI≧40)
1999〜2000	64.5	30.5	4.7
1988〜1994	56.0	23.0	2.9
1976〜1980	46.0	14.4	No Data

表1-3 アメリカにおける出身民族別に見た肥満・過体重者の割合（%）
（出典：アメリカ肥満学会のホームページ，http://obesity.org/）

出身民族	過体重者(BMI≧25)の割合		肥満者(BMI≧30)の割合	
	1988～1994	1999～2000	1988～1994	1999～2000
アフリカ系	62.5	69.6	30.2	39.9
スペイン系	67.4	73.4	28.4	34.4
白人系	52.6	62.3	21.2	28.7

くが肥満者になるということである。（先にみたWHOの統計によれば、30歳以上という制限つきではあるが、すでに半数近くのものが肥満者である）

　民族的にはアフリカ系、スペイン系（ヒスパニック）、アメリカ原住民系など少数民族出身者に肥満者が増加している。表1-3に示したように、アフリカ系アメリカ人は1999-2000年で69.6%、スペイン系アメリカ人においては73.4%が過体重者である。このような過体重・肥満傾向は、学歴、所得と反比例する関係にあり、アメリカ国内では大きな社会問題となりつつある。

　成人肥満者の約80%は心臓血管系疾患、糖尿病、ガンといった生活習慣病（合併症）に罹患している。子どもの肥満者の増加も顕著であり、5～10歳の過体重児の約60%は、糖尿病などの生活習慣病に罹患している。肥満が原因の死亡者は毎年30万人におよぶと見積もられており、医療コストは、通院、入院、失業補償などを合わせると1995年で992億円に達し、国全体の医療費の5.7%を占めるようになっている。しかしながら国民皆保険制をとらないアメリカにおいては、肥満者の多い低所得階層が適切な治療を受けられないことが多く、医療行政上の大きな問題となっている。

　さて日本の場合はどうであろうか。図1-1で見ると、肥満者は男性で2.6%、女性で2.2%とわずかな比率である。しかしながら、この数値はBMI≧30を基準とするものであり、日本の基準とは異なる（表1-1参照）。

表 1-4 日本における成人人口（20 歳以上）に対する肥満・低体重者の割合（％）（出典：2004 年〔平成 16 年〕の国民健康・栄養調査結果概要：http://www.mhlw.go.jp/houdou/2006/05/h0508-1.html）

	BMI	男性	女性
低体重（やせ）	BMI＜18.5	4.7	9.8
普通体重	18.5≦BMI＜25.0	66.9	69.6
肥満	BMI≧25.0	28.4	20.6
調査人数（名）		2742	3406

表 1-4 は、2006 年（平成 18 年）5 月に発表された 2004 年（平成 16 年）の国民健康・栄養調査結果（http://www.mhlw.go.jp/houdou/2006/05/h0508-1.html）から算出したものである。日本の場合、20 歳以上の成人男子の 28.4％、成人女子の 20.6％が肥満（ただし、BMI ≧ 25 の基準による）との結果である。

2004 年（平成 16 年）の国民健康・栄養調査結果の概要において強調されている点は、メタボリックシンドローム（内臓脂肪症候群）の状況である。メタボリックシンドロームとは、内臓脂肪の蓄積と、それによって引き起こされる代謝異常（糖尿病・高血圧症・高脂血症など）によって心筋梗塞や脳卒中にかかるリスクがきわめて高くなる（不）健康状態のことである。日本内科学会が中心となって日本肥満学会、日本動脈硬化学会、日本糖尿病学会、日本高血圧学会、日本循環器学会、日本腎臓病学会、日本血栓止血学会、日本内科学会の 8 学会で検討され、2005 年 4 月にその診断基準が確定された。

内臓脂肪型肥満ならびにメタボリックシンドロームの診断基準は表 1-5 を参考にされたい。いうならば、最近太り気味で、血圧が高く、血糖も高いという人がメタボリックシンドロームと診断される。

国民健康・栄養調査では厳密な血液検査はおこなわれていないために、メタボリックシンドロームが「強く疑われる者」と、メタボリックシンド

表1-5　内臓脂肪型肥満ならびにメタボリックシンドロームの診断基準
（出典：日本内科学会雑誌，94(4):794-809, 2005。なお，表記を一部変更した）

	BMI	ウエスト周囲径	腹部CT法による内臓脂肪面積
男性	25以上	85cm以上	100cm²以上
女性	25以上	90cm以上	100cm²以上

メタボリックシンドローム（男女とも）

内臓脂肪型肥満であること（必須の条件）
さらに，以下の3項目中2つ以上を有すること*
1.　血清脂質異常　　中性脂肪**150mg/dL以上，またはHDLコレステロール***値40mg/dL未満
2.　血圧高値　　　　高血圧130mmHg以上，または最低血圧85mmHg以上
3.　高血糖　　　　　空腹時血糖値110mg/dL以上

*血清脂質異常，血圧高値，高血糖は，それぞれの数値によって高脂血症，高血圧症，糖尿病と診断される。
**中性脂肪とはトリグリセリド値のこと
***HDLコレストロールとは一般的に「善玉」コレストロールといわれるもの

ロームの「予備群と考えられる者」という2つのカテゴリーが設定された。その結果，40歳以上（～74歳）の男子の25.7％，女子の10.0％が「強く疑われる者」，男子の26.0％，女子の9.6％が「予備群と考えられる者」と判定された。中高年男性の2人に1人，女性の5人に1人がメタボリックシンドロームであるか，その予備群であるという結果である。言い換えれば，成人男子の4人に1人は，肥満に起因する合併症（生活習慣病）にかかっており，さらに残る3人中1人がその予備群であるという結果である。日本においても肥満者の増加とそれに伴う健康障害が大きく注目され始めた背景にはこのような実状がある。

　図1-2は，過去50年間にわたる日本人BMIの年代別変化を示したものである。男性においては，ほぼ一貫してBMIの値が大きくなっていることがわかる。少なくとも日本人男性は，過去50年間，確実に肥満化の方向に向かっている。一方で女性は年代によって様相が相当に異なる。特に20歳代の女性はBMIの値がほぼ一貫して低くなる傾向にあり、やせ続けていることがわかる。2004年（平成16年）の国民健康・栄養調査結果を

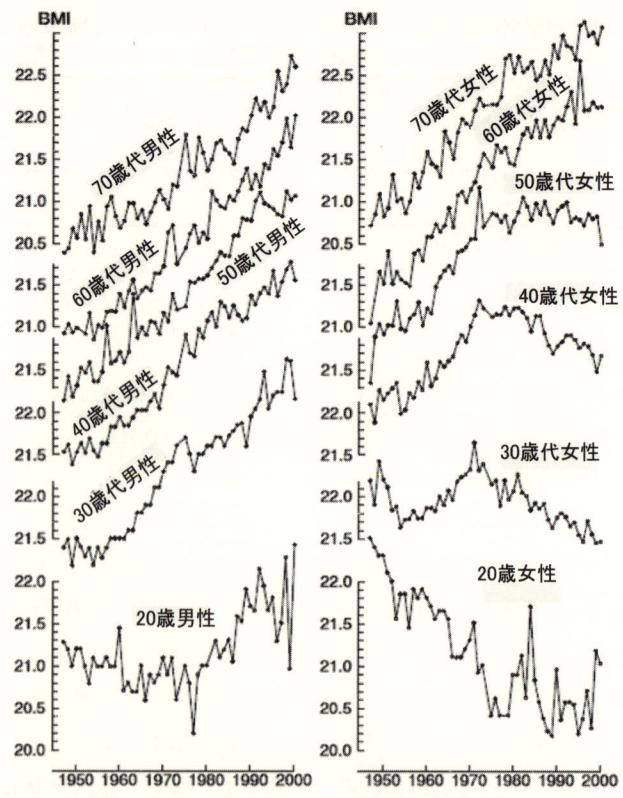

図1-2　過去半世紀にわたる性別、年代別の体型変化
（出典：肥満研究, 2006, 12, p.2）

見ても、20〜29歳の女子は、その21.4％がBMI＜18.5（低体重：やせ）という結果である。

　このような低体重化は世界の中にあってもきわだっている。図1-3は、1人当たりのGDPと低体重（やせ）女性（BMI＜18.5）の比率を両軸にとり、世界39ヶ国を比較したものである。図からも明らかなように、低体重（やせ）女性の比率は所得の低い発展途上国において顕著である。栄養不良だけでなく、男女格差文化が低体重化を助長しているともいわれる。

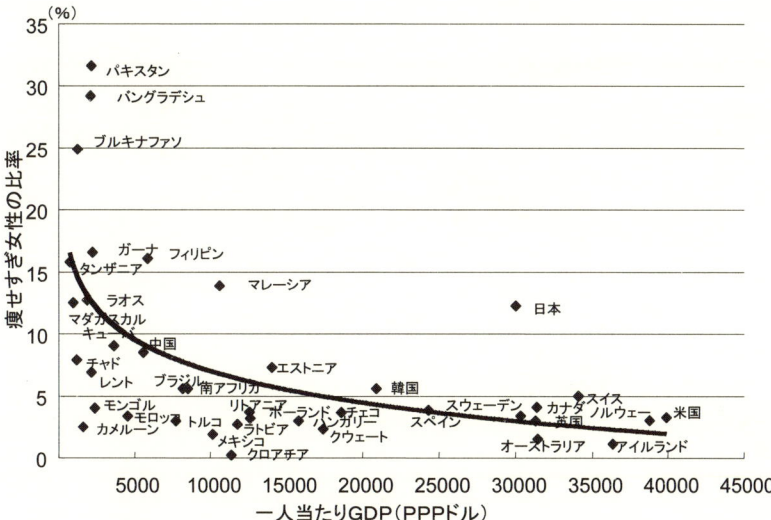

図 1-3　世界 39 ヶ国における低体重（やせ）女性の人口割合と 1 人あたり GDP との関係（出典：WHO GLOBAL DATABASE ON BODY MASS INDEX, WHO Core Health Indicators, Date: 2006/11/15）

　日本はこのような全体的傾向のなかできわだった位置にある。所得が高いにもかかわらず低体重者比率は 12.24％ と、39 ヶ国中 10 位の位置にある。
　問題はこのような低体重（やせ）化現象が、20 歳代から 50 歳代の広範囲の女性において、過去半世紀の時間をかけ、徐々に進行してきた点である（図 1-2 参照）。20 歳代の低体重（やせ）者の増加はすでにその危険域をこえており、「健康日本 21」では、「20 代女性のやせすぎ」をスタート時（「健康日本 21」のスタート時の 2000 年）の 23.3％ から、2010 年には 15％ 以下にするという目標をたてた（2006 年に発表された中間報告の数値は 21.4％ であり「改善」の評価がなされている）。中高年男性に特徴的な肥満・過体重化とともに女性（特に 20 歳代女性）の低体重化は、健康という観点から大きな問題となっているといえよう。
　このように見ていけば、現代日本においては一方では、メタボリックシ

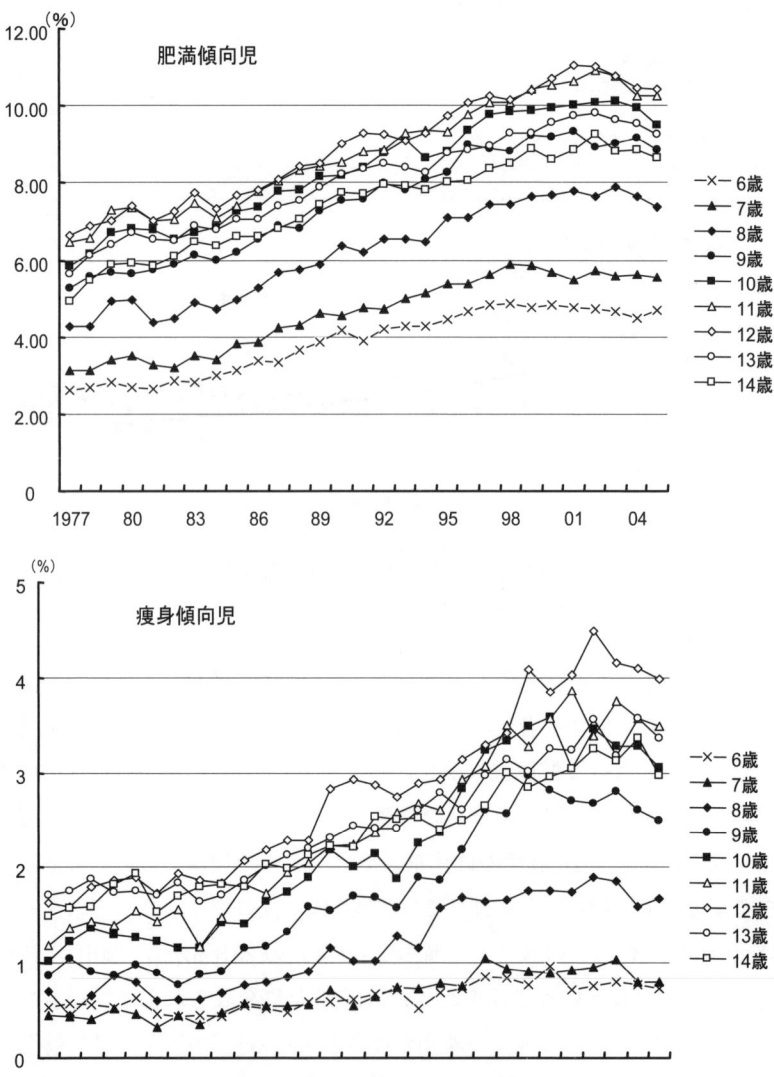

図1-4　肥満傾向児・瘦身傾向児比率の年齢別年次変化
（出典：各年度の学校保健統計資料）

ンドローム（あるいはその予備群）と診断され、体重の減量を求められている多数の人々がおり他方では、やせすぎてしまい体重増加が緊急の課題となっている人々がいることがわかる。まさに日本は、体重調節のうまくいかない人たちで、あふれかえっているのである。

　子どもについても同様である。肥満傾向児の増加とそれに連動した痩身傾向児の二極化が進行している。図1-4は、学校保健統計調査に基づく肥満傾向児割合及び痩身傾向児割合が1975年以降どのように推移してきたかを示したものである。小学校1年生から中学校3年生までのすべての対象年齢において、肥満傾向児（生徒）ならびに痩身傾向児（生徒）の割合は増加の方向にある。特に1990年代後半より高年齢層において痩身傾向児の割合が顕著に増加している。

　学校保健統計調査では、肥満傾向児を「性別、年齢別、身長別標準体重に対して体重が120％以上の児童」と定義し、同様に「80％以下の児童」を痩身傾向児と定義している。BMIのような絶対評価ではなく相対評価であるために、グラフの見方には注意が必要である。それぞれの傾向の一方が強まれば、相対的に他方の割合も高くなる。いずれにせよ、関連する多くの報告においても、小児肥満が1990年以降増加しているという点では一致している。小児肥満は成人肥満に移行する確率が高く、高血圧、高脂血症、糖尿病などの生活習慣病と密接に関連すると指摘されており、彼らが10年後20年後のメタボリックシンドローム罹患者となっていくことは十分に予想される。

　日本学校保健会が平成10年に児童を対象におこなったアンケート調査によると、「やせたい」と思っている者の割合は、男子38.2％、女子76.8％であった（図1-5）。痩身願望は女子に強く、特に中学生以降に目立っている。また同調査では、ダイエットを実行した児童のうち、自ら「やせたいと思って実行した」と答えた児童は男子10.4％、女子33.8％と、女子が男子の3倍近い数値であったと報告している。図1-2で、20歳代の女性

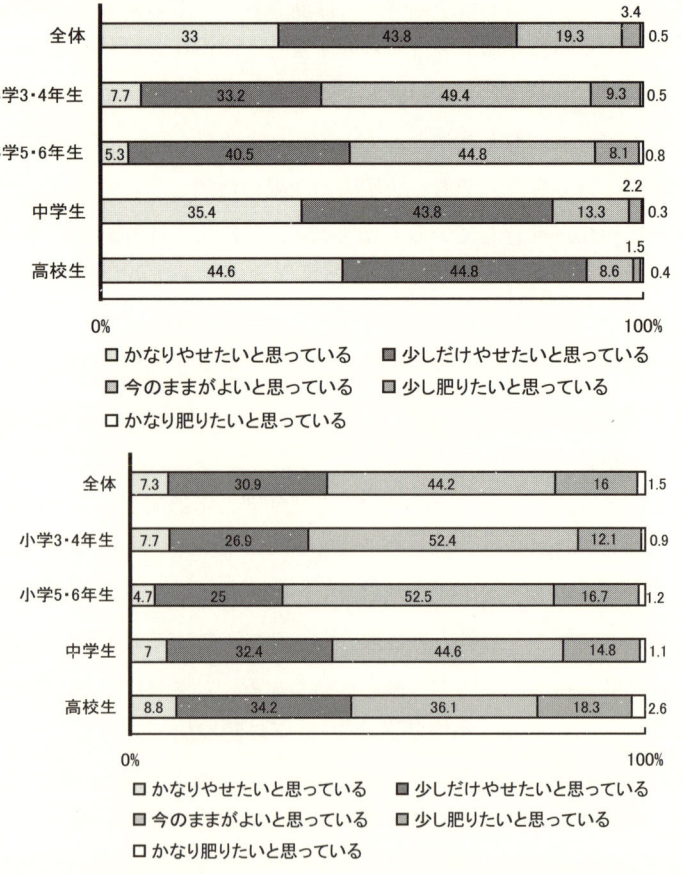

図1-5 児童を対象としたダイエット行動の調査結果 （出典：「平成10年度児童生徒の健康状態サーベイランス事業報告書」http://www.hokenkai.or.jp/1/1-3/1-32/1-32-52.html）

にBMIの低下傾向が顕著であることを見てきたが、このような痩身化の背景には、高校生、中学生の頃から始まる強い痩身願望とそれに関連したダイエット行動があるといえよう。彼女らもまた10年後の低体重者（やせ）となっていくことは十分に予想される。

現在のところ、各国とも肥満・過体重者の増加を抑えようと努めているが、抜本的な改善策が見つけられずに手をこまねいているのが実状である。例えば日本の場合、2000年に策定された「健康日本21」において、2010年度をめどに、20～60歳代の肥満男性の割合を15％以下にするという目標値を定めた。しかしながら、2006年10月に厚生労働省が公表した中間実績では、スタート時の24.3％よりも多い29.0％という数値となっており、改善とは逆行する「悪化」を認めざるえないものとなった。国民皆保険制度をとる日本の場合、肥満者の増加は、将来において医療費の大幅な支出増をまねく公算が高い。メタボリックシンドロームは医者が患者を増やすための方便だという悪評も聞かれるが、日本のみならず多くの欧米諸国は、近い将来における保険医療費の破綻を危惧し、予防医学に力を入れている。肥満・過体重者の急激な増加はまさに地球的規模で進行している人類の不健康化現象といえよう。

第2章　人はなぜ太るのか

第1節　食行動制御の仕組み

　われわれの生命活動は、外界から酸素と水とエネルギー源を取り込むことによって維持されている。このような生命活動は吸う、飲む、食べるという行為を介しておこなわれている。しかしながらそれらの行動は生理的にも心理的にもきわめて異なる仕組みによって制御されている。呼吸はなかば自動的に生起する。通常の生活を送っている限り、常に酸素（空気）は供給されており、生命活動に必要な酸素が身体内部に保存されることはない。そのために無酸素状態におかれると大脳皮質はおよそ7分で活動を停止し、脳死状態となるといわれている。（空気を）吸うという行為は、ほぼ100％生理的な仕組みによって制御されているといえよう。

　飲むという行為の制御については本ブックレット「飲む」に詳しい。食べる行為との比較において興味深い点は、生命活動に必要な量以上の水分を摂取しても、余剰水分はすみやかに排出されるという点である。本ブックレット「飲む」においては、一日あたり500mlの水分で最低限の生命活動は維持されるとのことである。なお過剰な水分摂取は、けいれん、意識障害を引き起こし、その致死量は体重65kgの人で10〜30リットル/日といわれる。

　食べるという行為は、（空気を）吸う行為のように自動的に、無意識のうちに生起するものではない。また（水を）飲む行為のように、過剰に取り込んでも、その過剰分が排出されていくというものでもない。われわれは、その生命活動に必要なエネルギーを不足させることなく、また取り過

ぎることなく取り入れる必要がある。はたしてどのような仕組みによって、そのバランスは維持されているのだろうか。

第2節　3つのタイプの食行動

　食物の主要な栄養属性はカロリー（cal）であり、元々の定義は「1gの水の温度を1度上げるために必要な熱量」である。国際単位系（SI）における熱量（エネルギー）単位はジュール（J）であり、1Jとは約102gの物体を1m持ち上げる時のエネルギー量に相当する。熱量単位は、本来、国際的にもまた国内的にもジュールを用いることが決められているが、栄養学や生物学の領域ではカロリーを主に使用している。一般社会においても、カロリーが広く知られていることから、本書においても熱量単位としてカロリーを用いている。なお、「○○は一食で600カロリーもある」といった表現をする場合があるが、これは誤りである。一般的に食品のカロリー表示はKcal（1000cal）でおこなわれており、注意が必要である。

　エネルギーの移動という観点から見ると、生命体とはエネルギーを外界から取り込み、その取り込まれたエネルギーを消費・排出する機械といえよう。エネルギーの取り込みは、間欠的にしかおこなわれず、そのために予備のエネルギーを体内に保存しておく必要がある。保存量が過多になった状態が肥満であり、エネルギーの取り込み量が少なく（当然、保存されずに）、筋肉や骨すらもエネルギーとして使用するようになった状態が栄養失調である。これは神経性食欲不振症（やせ症、AN: Anorexia nervosa）の主症状でもある。

　図2-1は、エネルギー循環の観点から食行動の役割を示したものである。エネルギー源である食物（カロリーをもつ飲料も含む）は、咀嚼、嚥下、消化、吸収を経て身体に取り込まれる。身体は常にエネルギーを消費しており、そのエネルギー消費の状態をモニターしている部位が脳である。エ

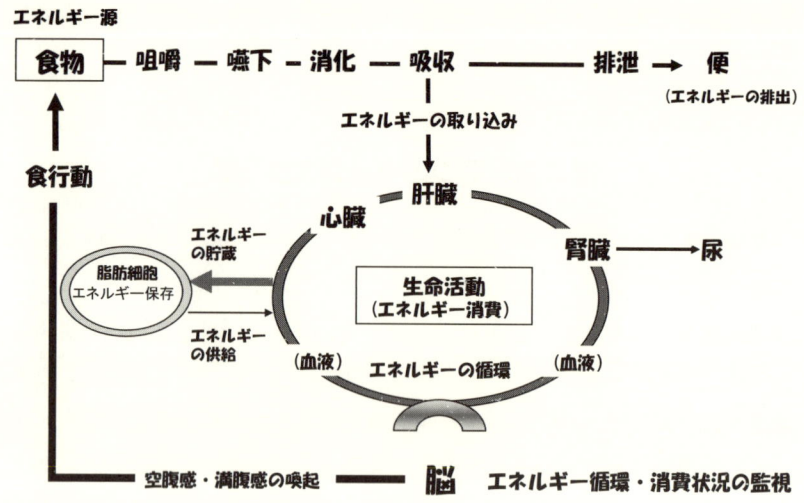

図2-1 エネルギー循環と食行動

ネルギーが減り始めると空腹感が喚起され、食行動が生起する。エネルギーが取り込まれると満腹感が喚起され、食行動は停止する。食行動とは、身体内のエネルギー消費をほぼ一定に保つ役割を担っている行動であるといえよう。なお、ここでは食行動を摂食行為と同義のものとみなしているが、食行動は、採餌行動、調理行動を含む食関連行動全般を指し示す用語として用いられることもある。

　食物は空気（酸素）のように、常時入手可能なものではない。そのために、かなりのエネルギー量が身体内に貯蔵・保存され、エネルギーの取り込まれない状況がつづくとそれがエネルギー源として使用されていく。腹部や腰回りを中心に、エネルギー貯蔵のみを目的とした細胞（脂肪細胞）がひろがっている。また近年、内臓脂肪型肥満が増加しているが、これは腸管膜脂肪や大網脂肪など腹腔内の内臓組織に脂肪のついた状態である。脳は、脂肪細胞からのエネルギー供給の状況もモニターしており、食行動を喚起

させるための重要な情報として処理している。このように脳は食行動の喚起において中心的な役割を果たしており、またその精緻な仕組みについては、生理学、神経科学の分野において解明がすすめられている。すなわち脳の第1の機能は、身体内のエネルギー供給・消費状況の監視とそれに基づく食行動の喚起であるといえる。

　ヒトの脳が、生得的に、食物を「食物」と認識できるという証拠はない。われわれは、何が食物であり、何が食物でないかを知らずに生まれてくる。ただし、甘味を感じさせる物質を摂取し、酸味や苦みを感じさせる物質を拒否するという生得的な行動傾向については証拠が得られている。また乳児に見られる、乳首などが口元に与えられるとそれをつよく吸い込むという吸綴反射も生得的な反射である。乳児は吸綴反射によりなかば自動的に乳を飲み込み、徐々に乳が食物であることを学習していく。これらの生得的な行動傾向を基礎に、幼児は、何が「食物」であり何が「食物でない」かを徐々に学習していくのである。

　食物とは、味、におい、見え、触感さらには咀嚼・嚥下の際に感受される聴覚刺激によって構成される感覚複合刺激である。食べるという行為はこれら五感のすべてを機能させることによって生起する。食物という感覚複合刺激は、食べるという行為、さらには摂取後の身体内部で生起する生理変化と連合し、徐々に何が食物であり何が食物でないか、さらに何が好きな食物であり、何が嫌いな食物であるかということを学習させていく。おいしい、まずいといった食物好悪は、このような個体レベルにおける学習の結果として獲得される。脳の第2の機能は、このような、食物がもたらす感覚複合刺激の感受とそれに基づく食行動の喚起・非喚起といえよう。われわれは、「おいしい」と感じれば、たとえ満腹であってもそれを食べることがある。そのような食行動はこの第2の機能によるものである。

　ヒトの脳は、さらに高度なはたらきをする。第3の機能である。たとえばわれわれは、苦みや辛みの強度が極端に高いものであっても、身体によ

い、健康によいといった判断をおこなうと、それを摂取することがある。あるいは、長い時間食物を摂取できないと予測すれば、食物を過剰に摂取する。このような高度な判断による食行動の生起は、ヒトに顕著なものといえよう。

　以上見てきたように、われわれヒトの食行動は、3つのレベルで制御されている。第1のものは、"身体で食べる"食行動といえるものであり、多くの動物と共有される"動物的な"食行動である。第2のものは、"こころで食べる"食行動といえるものである。学習のプロセスを経て獲得される食行動であり、結果として、好きなものは食べるが嫌いなものは食べないという食物選択行動が生じる。高カロリー食物と低カロリー食物のそれぞれに異なる風味を付加して摂取させると、やがて低カロリー食物の摂取量は減少し、高カロリー食物の摂取量は増加していくということを示した実験がある。単に食物好悪の学習を経て食物選択をおこなうだけではなく、何をどれだけ食べるかという行動もまた、学習によって獲得されていくのである。

　"こころで食べる"食行動は、学習によって獲得される食物選択、食物の摂取量の調節だけではなく、感情のプロセスも反映する。われわれは、満腹であってもおいしそうな匂いのするものが目の前にあるとつい食べてしまう。また落ち着かなくイライラしている時は、手近な食物（スナック菓子など）を食べてしまう。このような食行動は、ストレス誘発性過食、情動的摂食（emotional eating）と呼ばれるもので、摂取カロリーの調節をみだす攪乱要因である。このように、"こころで食べる"食行動はエネルギー調節に機能する部分とエネルギー調節を攪乱し、混乱させる部分の両面を有しているといえよう。

　"身体で食べる食行動"と"こころで食べる"食行動は、他の動物と共通する基礎をもつものであるのに対して、第3のものは高度に発達した脳をもつヒトに固有のものであり、"頭で食べる"食行動といえる。観念、

予期といった認知のレベルで喚起される食行動から、倫理、道徳、宗教といった社会・文化次元での行動規制までが含まれる。

　倫理、道徳、宗教というものは、日常われわれがあまり意識することのない場面で行動を規制している。例えば、われわれ人類は、同じ人類を食物とすることはない。日本人であるわれわれは、近親者を失った通夜や葬式の夜に、すき焼きやステーキなどを食べることはない。夜のコンビニエンスストア前で、若者らがかがみ込んで飲食をしている光景をみると、中高年の中には吐き気を催すほどの嫌悪感を覚える人もいる。自分たちが受け継いできた行動規制（行動規範）を、次の世代に受け継がせることができなかった事実を目の当たりにして、自己嫌悪を感じるとともに、社会文化の規制を受けない食行動そのものに強い不快感を覚えるためである。食のマナー、タブーといわれるものは、このレベルにおいて食行動を規制しているのである。

　「奇妙な食」「非常識な食」についてはおもしろい研究がある。表2-1は、2006年に北海道、東京、名古屋、神戸、広島の大学生を対象におこなった「奇妙な」食に対する嗜好調査の結果である。「栗の甘露煮の入った甘い味付けの茶碗蒸し」「甘納豆の入った甘い味付けの赤飯」に対する嗜好は北海道地区の大学生に高く、他の地区では低い。また名古屋地区の大学生は、「冷やし中華（冷麺）にマヨネーズ」をかけることを好む。広島地区の大学生は「お好み焼きにスルメの天ぷらを入れる」ことを好むが、「お好み焼きに紅ショウガを入れる」ことは、あまり好まない。日本の主要都市では、同系列のファーストフード、コンビニエンスストアが多数の店舗を展開しており、そこでの重要な顧客は若者である。そのような食環境条件だけでなく、音楽からファッションまで若者世代は、その世代の独自性を強調する文化（若者文化）を共有している。しかしながら食嗜好については、強い地域性が頑強に残っていることがわかる。このような、地域に固有の食物嗜好の獲得については、第3のレベルの食行動を抜きにしては

表 2-1 5つの調査地点別にみた「おいしい」「まずい」の回答者割合 (％)
(出典：瀬戸山・青山・長谷川・坂井・増田・柴田・今田, 2007)

	「おいしい」						「まずい」					
	北海道	東京	名古屋	広島	神戸	χ²	北海道	東京	名古屋	広島	神戸	χ²
5. 甘納豆の入った甘い味付けの赤飯を食べる。	53.3	6.8	11.6	8.7	7.7	84.90**	19.0	55.9	32.6	39.8	59.0	24.00**
6. 栗の甘露煮の入った甘い味付けの赤飯蒸しを食べる。	64.8	16.1	20.9	23.3	20.5	54.26**	15.2	40.7	27.9	35.9	43.6	14.78**
4. 冷やし中華(冷麺)にマヨネーズをかけて食べる。	35.9	30.5	67.4	42.2	69.2	22.35**	27.2	24.6	9.3	27.5	5.1	14.74**
2. ラーメンに酢をおとして食べる。	12.6	31.1	16.1	8.7	15.4	18.66**	45.6	31.9	28.7	41.7	20.5	8.08
1. 納豆に砂糖を入れて食べる。	15.5	4.2	4.7	2.9	2.6	17.30**	46.6	66.9	53.5	68.6	66.7	6.19
12. あんいりの赤飯おにぎりを食べる。	25.2	10.2	7.0	12.9	5.1	16.60**	33.0	54.2	39.5	57.4	48.7	9.03
15. わさびの入ったアイスクリームを食べる。	7.8	20.3	12.8	6.9	2.6	13.90**	56.3	38.1	24.4	49.5	55.3	13.84**
11. 豚まん(肉まん)にウスターソースをかけて食べる。	18.3	29.4	11.4	26.7	38.5	12.66*	21.2	10.9	23.9	18.8	12.8	6.26
9. カレーにお好みソースをかけて食べる。	16.5	26.1	8.0	19.4	7.7	12.12*	34.0	21.0	29.5	21.4	30.8	5.12
2. 天ぷらにお好みソースをかけて食べる。	19.6	19.3	14.8	35.0	33.3	11.84*	24.5	21.8	12.5	9.7	20.5	9.04
6. 豚ホルモンの天ぷらを食べる。	18.4	24.6	17.4	37.9	17.9	11.58*	31.1	16.9	20.9	13.6	15.4	9.40
13. トマトに砂糖をまぶして食べる。	28.2	18.6	9.3	15.8	12.8	10.44*	28.2	42.4	40.7	44.6	33.3	4.67
1. バタートーストにあんこを塗ったもの(小倉トースト)を食べる。	47.6	59.3	77.9	58.3	38.5	10.39*	20.4	12.7	8.1	13.6	25.6	8.23
11. おでんにマヨネーズをつけて食べる。	2.9	3.4	2.3	8.9	12.8	10.33*	55.3	67.2	47.7	54.5	38.5	5.97
1. 天ぷらにウスターソースをかけて食べる。	21.4	17.6	29.5	36.9	35.9	10.24*	20.4	18.5	4.5	4.9	10.3	18.12**
8. ホルモンの煮込みのはいったうどんを食べる。	36.9	36.1	15.1	25.7	30.8	10.23*	20.4	9.2	19.8	16.8	10.3	6.35
12. チャンポンや皿うどんにウスターソースをかけて食べる。	28.2	23.5	10.2	14.7	20.5	9.92**	19.4	24.4	33.0	35.3	41.0	8.00
8. カレーにウスターソースをかけて食べる。	27.2	38.7	43.2	38.8	46.2	4.54	23.3	16.8	6.8	8.7	17.9	12.11*
2. あんこや白玉の入ったコーヒー(小倉コーヒー)を飲む。	13.6	12.7	18.6	10.7	5.1	4.42	47.6	40.7	26.7	51.5	59.0	9.77*

*$p<.05$, **$p<.01$

なかなか説明ができない。文化は、「日本」という上位レベルのものから「地域」というレベルのものが存在する。われわれは「日本」文化からの行動規制だけでなく、「地域」文化からの行動規制も受けているのである。

　食行動は、遺伝・生理機構により制御されていると同時に、心理機構によっても制御されている。第1のレベルが前者に相当し、第2、第3のレベルが後者に相当する。"食べる"という行動は、このような生理制御と心理制御による二重統制によってコントロールされているといえよう。生理と心理という2つのシステムが相互に、効率よく作動しているうちは問題は生じないが、どちらか一方のシステムがうまく機能しなくなったり、両者の連動がうまくいかなくなったりすると、われわれの食行動はみだれ、適切な体重調節ができなくなる。生命活動の維持が困難なほどの低体重になったり、肥満になったりするのである。

第3節　過食の境界モデル

　トロント大学のハーマンとポリビーは、過食という現象がどのような仕組みによって引き起こされるかを、長年にわたって研究してきた。その研究成果の一つとして、二人は過食の境界モデル（the boundary model of overeating）を提案した（Herman & Polivy, 1984）。ここではこのモデルを紹介することによって、"食べ過ぎる"仕組みについて考えていきたい。

　空腹の状態が長く続くと苦痛をおぼえる。逆に、おいしいものを食べ続けているとやがて飽きが生じ、食物を重く（しつこく）感じ、やがて満腹感がおとずれる。食行動は"おいしい"といった快の側面だけでなく、このような嫌悪的・不快な側面も経験させる。過食の境界モデルでは、食行動が、食べることによる快感だけでなく、空腹感と満腹感という2つの不快感によっても制御されているとみなす。

　図2-2を参照されたい。摂食にともなう感情体験を水平線であらわすと、

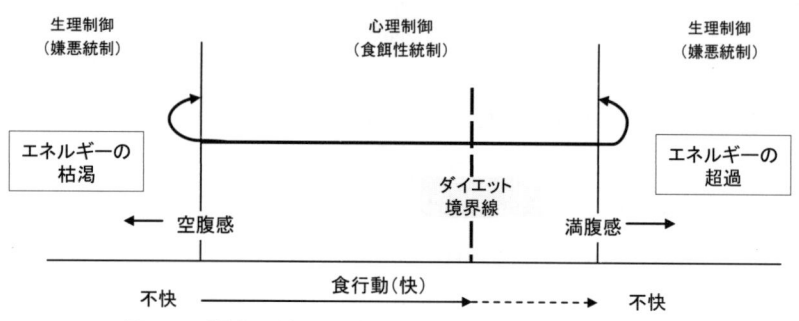

図2-2 過食の境界モデル
（出典：Herman & Polovy, 1984 より，一部変更を加えた）

　左側に位置する空腹感（図中の左端）は不快であり苦痛な感情体験をもたらせる。この状態はエネルギーが枯渇している生理状態にあり、脳は摂食（エネルギー源である食物の取り込み）をつよく動機づけ、身体生理機構の全体が不快な状態から脱そうと活性化する。摂食（エネルギーの取り込み）が開始され始めると、満腹感（図中の右端）という新たな不快感が出現するまで、生理機構は食行動に関与しない。われわれは食べるという行為を継続させながら、感情体験の線上を左から右へと移動していくのである。やがて満腹感に達する。満腹感とは満ち足りた、幸せで、快な状態ではあるが、もう一歩進行するときわめて不快な状態となる。食べ過ぎてしまった後の苦痛、不快感は多くの人々が経験的に知っている。過食の境界モデルでは、摂食の停止（食事の終了）は、満腹感という不快感が生理制御により喚起されるために生じるとみなす。
　心理制御は空腹感と満腹感という2本の境界線で囲まれた範囲で機能する。さほど空腹感を感じなくとも、おいしそうに思えるものをみると食べたくなる。一方で、同じ食物（味、におい、見えといった感覚刺激に変化のない食物）を食べ続けていると、飽きが生じ、十分なエネルギー（カロリー）を取り込んでいなくとも摂食は停止する（この現象は感性満腹感として知られている）。食行動の心理制御は、空腹感と満腹感という2本の

境界線内でおこなわれる。日々のきまぐれで不安定な食行動はそのような心理制御によるためであると考えられた。

　現代社会は、満腹感という苦痛を体験させることはあっても、飢えという苦痛を体験させる機会をめったに与えない。動物実験においては24時間の食物遮断（絶食）という実験操作はあたりまえのようにおこなわれているが、ありふれた日常生活をおくるわれわれが、24時間まったく何も口にしないという機会はまず起きない。生理制御はもっぱら満腹感という不快感情の生起という右端部分でおこっている。

　さらに現代社会は、食品飲料会社、中食・外食産業がしのぎをけずり、消費者に対して自社製品を購入させようと、膨大な宣伝費を投入している社会である。テレビ、新聞はもとより一歩外に出れば、食欲のそそられる広告がわれわれを取り囲む。摂食を喚起する刺激は与え続けられている。すなわち2本の生理制御を受けた境界線内にあって、われわれは常に右方向に方向づけられた心理状態に追いやられている。摂食の開始が心理制御によってうながされ、摂食の停止（食事の終了）が生理制御による満腹感によるものであるかぎり、摂食量の調節はバランスを欠いたものとならざるをえない。どうしても摂取過多となってしまう。

　そのために、多くの現代人は、摂食停止の目標ラインを設定している。ハーマンらはこれをダイエット境界線と呼んだ。すなわち、これ以上は食べてはいけないという目標ラインである。日本人の場合は、「腹八分目」という表現がわかりやすいであろう。ほどほどにしておこう、この程度ですませておこうという摂食停止の目標ラインである。

　ダイエット境界線は心理制御の枠内で設定されるだけに、心理的な原因で容易に突破される。ストレスがかかったり、社交上のやむを得ない理由から、高カロリーの食事をとらざるをえなくなったりすると、食行動はダイエット境界線を容易に突破していく。一度突破してしまうと、次の停止線である満腹感（生理制御）に達するまで摂食は止まらない。

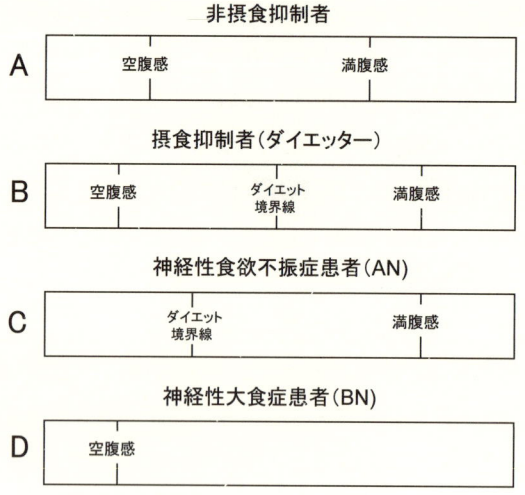

図 2-3　過食の境界モデルの適用例
　　（出典：Herman & Polovy, 1984 より，一部変更を加えた）

　ハーマンとポリビーは、過食の境界モデルをさまざまなケースにあてはめて"食べる"行動の説明を試みた。図 2-3 を参照されたい。図 2-3B は、ダイエット（摂食量の抑制）に励む人たちがしばしば陥る過食現象をうまく説明している。ダイエット（摂食量の抑制）に励んでいる人は、ダイエット境界線が左寄りに設定されている。ダイエット境界線が食行動の停止に機能している時はよいが、設定が左に寄っておれば寄っておるほどそれが突破されるリスクは高くなる。ひとたび突破されると次の停止線は満腹感のラインである。ダイエット境界線が左によっていただけに、その時の摂食量は多くならざるをえない。このような食行動は脱抑制性過食とよばれるもので、ダイエットによって減少させてきた摂取カロリーの総量を一挙に取り戻し、さらにやっかいなことに、より過剰に摂取させてしまう。厳しいダイエットを課せば課すほど（すなわちダイエット境界線を左よりに設定すればするほど）、脱抑制性過食のリスクは高まり、結果としてトー

タルの摂取量が増えてしまうのである。ダイエッターが経験する体重リバウンドの現象は、このような仕組みによって生じると説明された。

神経性食欲不振症（AN: Anorexia nervosa）は、ダイエット境界線をかなり左寄りに設定しているだけでなく、空腹感のラインそのものが消失した状態にある（図2-3C参照）。生理制御による空腹感が喚起されないために、摂食は生起しにくくなる。まれに生じる摂食は、「生きるためには少しは食べないといけない」と考えたりする心理制御によるものである。しかしながら、ダイエット境界線が左寄りに設定されているために、少量の食物を摂取すればそれで食行動が停止してしまう。

神経性過食症（BN: Bulimia nervosa）の主特徴である大食（Binge eating）は、満腹感のラインが消失しているために生じる症状であると説明された（図2-3D参照）。生理制御による満腹感が喚起されないために、胃腸容量の限界まで食物を摂取し続けることになる。当然、消化吸収の機能さらに代謝機能は破綻をきたしていく。大食に後続した下剤・利尿剤の大量服用、自発的嘔吐といった排出行動の習慣化により、心身の健康状態は悪化の一途をたどっていく。

過食の境界モデルは、もともとは摂食抑制者（ダイエッター）がしばしば陥る過食現象である脱抑制性過食の現象を説明する目的から考え出された。しかしながら、このように見ていくと、健常者の食行動から食障害に苦しむ人々の食行動までを、広範囲に説明しうるものである。過食はヒトを肥満させる主たる原因の一つである。肥満予防（あるいは体重減量）のために、われわれはダイエット目標（ダイエット境界線）を設定する。しかしながら、皮肉なことに、そのこと自体が脱抑制性過食を引き起こす原因となり、結果として摂取量の過多を導くリスクを高めるのである。過度なダイエットはその本来の目的である減量そのものを失敗させるだけでなく、逆に体重増加を導く可能性をもつものといえる。

第4節　エネルギー・ホメオスタシス

　ここで再びエネルギー循環の観点から肥満について考えてみよう。エネルギーの入力源は、食物・飲料である。出力は基礎代謝、運動、食事誘発性熱産生（DIT: diet-induced thermogenesis）の３種類である。食事誘発性熱産生とは、食物の消化吸収および代謝にともなう不可避熱産生と、主に交感神経系の活動によって調節される任意熱産生に大別される。一般的に、食後約６時間持続し、１日の消費エネルギーの７〜10％を占めるが、当然のことながら、食物に含まれる栄養素の種類、量などの影響をうける。

　基礎代謝は、生命体がその生命活動を維持するために必要とするエネルギー消費である。体脂肪率は異なるが、体重のまったく同じ２人が同時にダイエットを開始したとしよう。食事量がまったく同じであっても、体脂肪率の高い人の方が体重減少は少ない。これは体脂肪が基礎代謝によるエネルギー消費量と関係しているためである。いずれにせよ２人は徐々に体重をおとしていく。しかし２人とも、食事量は変わらないにもかかわらず、体重の減量はつづかなくなる。これもまたダイエットによって基礎代謝が低まるためである。いうならば、エネルギーの入力量が減ったために、身体がエネルギー出力量を抑え始めたのである。ひとたび低められた基礎代謝は、摂食量を元に戻しても（ダイエットを中止しても）数ヶ月にわたりその状態を維持する。われわれの身体は、保存されたエネルギーの消費をしぶる「倹約家」であり、またエネルギーの入力状況が悪化すると、きわめて「防衛的」になる性質をもっている。太ることは容易であっても、やせることは大変であり、ひとたび太るとより以上にやせにくくなるといわれることの背景には、このような仕組みがある。

　身体運動によってエネルギーは消費される。しかしながら現代社会は、自動車、エレベーター、エスカレーター、動く歩道、自動食器洗い機、自動洗濯乾燥機と、生活に必要な身体運動（労働）を代行する無数の装置に

満ちあふれている。平均的なアメリカ人の外出機会の1/4は1マイル（約1,609m）以内の近場でありながら、その3/4のケースにおいて自動車が使用されているとのことである。同様な例として、会社内の内線電話を使用することによって平均1マイル分の歩行が節約されているというデータもある。われわれは、できるだけ身体活動を回避し、"楽をしたい"動物であり、現代の文明社会は、そのような"怠惰"を助長するような装置に満ちあふれているのである。

図2-4はイギリスにおける、肥満者の比率と一世帯あたりの自動車の保有率、テレビ視聴時間の推移を過去半世紀にさかのぼり示したものである。間接的ではあるが、身体運動によるエネルギー消費量の減少が肥満の増加と結びついていることが示唆されている。

身体運動は、そのこと自身によるエネルギー消費だけでなく、運動後において基礎代謝を高め、そのことによりさらにエネルギー消費量を増加させることが知られている。また運動によって増加した筋肉は、それ自身が

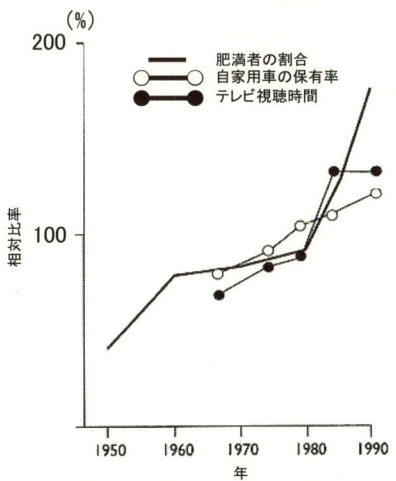

図2-4　イギリスにおける肥満者の増加と生活環境の変化（出典：Prentice & Jebb, 1955)

かつて以上のエネルギー消費を必要とするようになる。同じ体重であっても筋肉量が多い人ほどエネルギーの使用量は多い。しかしながらどのような運動を、どの程度おこなうのがもっとも効果的であるかという点については、今のところ十分に解明されてはいない。

　身体運動によるエネルギー消費については、遺伝的要因に基づく個人差が大きい。一卵性双生児の男性7組を用いた実験を紹介しよう（Bouchard et al., 1994）。実験参加者の全員に、93日間にわたって1日2回それぞれ45分間のジョギングに相当する身体運動（約1000Kcalに相当）が課せられた。その期間、食事量が増やされたわけではない（きわめて過酷な実験である）。実験終了時における参加者の体重は、開始時よりも平均で5kg減量した。しかしながらその減量幅は個人差が大きく、減量の数値については、双生児同士の類似度がもっとも高く、7組の組み合わせを変えるとその類似度は低くなった。一卵性双生児は同一遺伝子を分け合っている。この実験結果より、運動によるエネルギー消費（と、それにともなって生じた基礎代謝、食事誘発性熱産生の変化）には遺伝的要因に基づく個人差が大きいと考えられる。

　食事誘発性熱産生についてもおもしろいことが知られている。高脂肪食と高炭水化物食とを比較すると、後者の方が食事誘発性熱産生によるエネルギー消費量が大きい（Weststrate et al., 1990）。一般に過剰なカロリー摂取は食事誘発性熱産生を高める。しかし、高脂肪食を与え続けられたラットは、体重と脂肪細胞数を増加させ、やがて高脂肪食を食べても食事誘発性熱産生を高めなくなる。たまにステーキを食べれば食後のエネルギー消費量（食事誘発性熱産生）も多いが、日常的にステーキを食べていると食後のエネルギー消費量が少なくなり、その分脂肪（エネルギー）が身体に蓄積されやすくなるということである。

　食事誘発性熱産生は、カフェインや辛み成分（トウガラシに含まれるカプサイシンなど）によって高まることが知られている。これは交感神経系

を介した任意熱産生によるもので、トウガラシ・ダイエット法の根拠となっている（ただし、大量のトウガラシを摂取すると、胃腸障害・出血を生じさせる危険がある）。

最後にエネルギー消費に関しておこなわれた実験を紹介しよう（Levine et al., 1990）。肥満ではない男女16名が実験に参加した。実験は8週間にわたり、通常の食事以外に1000Kcal/日を過剰に摂取させるというものであった。8週間後、参加者らの体重は増加したが、その個人差は大きく3〜16ポンド（1.36kg〜7.25kg）の範囲となった。このような個人差を生み出したものとして注目された現象は、非自発的な身体運動であった。過剰な食物を摂取して以降、そわそわと気ぜわしい動きを見せるようになった人たちの体重増加率が低かったのである。これは食事誘発性熱産生とは言い難いものであり、また自発的な身体運動ともいえない。食べ過ぎてしまうとすぐに横になってしまう人は太りやすく、逆に落ち着きがなくなり、活動的になってしまう人は太りにくいといわれているが、このような差異をうまく説明する。

エネルギーの入出力の観点から肥満について検討してきたが、今ひとつ重要な問題がある。それは排泄物に含まれるカロリーの問題である。同じ食物を摂取しても、下痢を頻繁に繰り返す人と便秘気味の人とでは体内（肝臓）に取り込まれるエネルギー量は異なる。また、生活のリズムが安定しており、毎朝確実に排便をする人と、不規則な生活をしているために、排便の時刻も一定でない人とでは、やはり取り込まれるエネルギー量は異なるだろう。この問題はエネルギーの取り込みという点では入力の問題であるが、排出という点では出力の問題である。本ブックレットの執筆に当たり関連研究を探したが、残念ながら、このような排泄と肥満との関係を調べた研究を探し出すことはできなかった。仮にあったとしても、今のところ、ほとんど注目されていない問題であるといえよう。排便に含まれる栄養分の測定研究はおこなわれており、その排出エネルギー量と摂食・排便

行動との関連を検討していけば、新たな発見があるかもしれない。

第5節　現代の食環境と肥満化

　現在、日本や欧米諸国は飽食とよばれる食環境下にある。このことをもっとも端的に示しているのが図 2-5 である。数値の算出方法が異なるために単純な比較はできないが、国民一人あたりに日々供給されている熱量（供給熱量）は 2002 年度（平成 14 年度）で 2600Kcal であり、実際に摂取されている熱量（摂取熱量）はその 72.1％の 1875Kcal にすぎない。1965 年度（昭和 40 年度）の同数値が 88.2％であることを考えると、この 40 年近い期間に、われわれは一貫してエネルギー供給に対するエネルギー消費の割合を減少させてきたのである。食品飲料会社、中食・外食産業が商品と

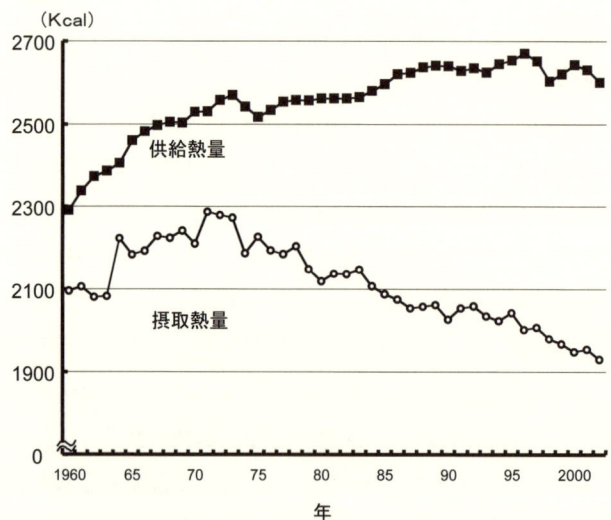

図 2-5　供給熱量と摂取熱量の年次変化（出典：供給熱量は農林水産省「食料需給表」、摂取熱量は厚生労働省（厚生省）「国民健康・栄養調査」（平成 14 年以前は「国民栄養調査」））

しての食物を製造する過程で破棄している食物、また賞味期限切れなどで処分されている食物、さらに家庭内での破棄・食べ残しなどが両者の差となっており、その部分が年々増加しているのである。いうならば現代日本人は、供給されている食物の30％近くを食べ残し、破棄している。なお、中食・外食産業は拡大し続けているが、破棄率を低減する努力をしており、一般家庭の生ゴミ破棄の比率が拡大している。バーゲンなどで購入された衣料品などは、ほとんど着用されることもなく捨てられていくものが多いといわれるが、同様なことが食料・飲料においても進行しているのであろう。

食物の入手が容易であるということは、過食とそれにともなう肥満化を促進する。われわれは基本的に「食べられる時にしっかりと食べておこう」とする生物である。現在の飽食環境が現代人をして過食に向かわせている理由は、このような"食物の利用可能性の高さ"が第一のものとして挙げられる。それだけではない。さらに以下7点の理由をあげることができる。

第2は、"おいしい"ものの入手が容易であること。"おいしさ"とは個人がそれぞれの摂取経験を経て獲得するところの、食物に対する学習性の認知感情評価（快の感情体験を伴う正の価値判断）である。個人差を前提とするが、実際には、多くの人々に共通する"おいしさ"が存在する。甘味、適度な塩味、高カロリー食物、高脂質食物といったものである。アメリカでおこなわれた研究では、砂糖と脂肪を含む食物がほぼ一貫して"おいしい"（highest taste ratings）と評価されている。また別の研究では、"低カロリー"と表示された食物は"おいしくない"と評価され、実際には脂肪を使用しているにもかかわらず脂肪を含まない"低カロリー"の食物であると判断された食物は、"おいしくない"と評価されたという実験報告もある。少なくとも多くのアメリカ人にとっては、脂肪を含む食物そのものが"おいしい"と感じさせるだけでなく、"脂肪"というラベル自身が"おいしさ"を予期させる信号として機能しているといえよう。われわれは安全かつ効率よくエネルギーを取り込める食物を"おいしい"と評価する傾

向にある。

　このような評価は、身体生理状態によっても影響をうける。空腹時に摂取されたものはその後、"おいしい"と評価されやすくなる。ハンバーガーやドーナッツなどのファーストフードは、砂糖や脂肪といった栄養素に特徴づけられるだけでなく、空腹時に摂取される傾向のつよい食物である。そのために、こういった食物（junk foods）への嗜好は容易に獲得されていく。カップ麺、スナック菓子の多くもまた嗜好の獲得されやすい食物であるが、これもまた同様な理由からである。

　なお、カップ麺は簡便性に富んだ食物であると思われているが、最近の商品は開封すると2〜3の小パッケージの入っているのは当たり前で、5〜6もの小パッケージの内含されているものもある。さらにそれぞれのパッケージをいつの時点で開封し、どのように"調理する"か（例えば、野菜パッケージは湯を注ぐ前にカップに入れ、肉パッケージは開封せずにふたの上に置いて温め、食べる前にカップに投入するといったレシピ）をこと細かく指示している。このような"こだわり"も"おいしさ"を予期させる効果をもたらしているといえよう。

　第3は、簡便性と経済性である。注文をしてから数分をまたずに、作りたてのハンバーガーにかじりつけることなど一般家庭では考えられない。牛丼しかりである。調理に要する時間コストを考えればファーストフードははるかに効率的・経済的である。高脂質食品の経済性についてはおもしろい研究報告がある。フランス人837名の食事内容と、その時に摂取されていた食物の価格が調べられた。その結果、脂質、砂糖を100g増加させると、食費を一日あたり0.05〜0.40ユーロ減らすことができるが、果物、野菜を100g増加させると、食費を一日あたり0.18〜0.29ユーロ増加させる必要があった、というものである。現在多くの国々では脂質によるカロリー摂取の割合を減少させ、果物や野菜の摂取を奨励する食事指導がおこなわれている。フランスも同様である。しかしながら、砂糖や高脂質食品

を摂取することの方が安上がりなのである。単なる食事指導だけで解決できる問題ではないといえよう。

　日本では、「健康日本21」において、2010年までに脂肪エネルギー比率（20～40歳代）を25％以下とすることを目標とした。しかしながら2004年度（平成16年度）の国民栄養・健康調査の結果を元とした中間評価（2006年）では、20歳以上の調査対象者全員のうち、脂肪エネルギー比率が25％を超える者が男性で41.4％、女性で50.6％もいた。スタート時点（ベースライン値、2000年）が27.1％、中間実績値が26.7％であることから若干の改善はみられているが、目標達成にはほど遠いようである。

　第4は食物選択幅の広がりである。一歩スーパーマーケットに入ると、実に多種多様なバラエティに富んだ食品群を目にすることができる。われわれは、食物が有するさまざまな刺激（いわゆる五感）が多様であり変化していればそれだけ摂取量を増やす。例えばある実験では、クラッカーとチーズだけを食べていればその摂取量は限られたものになるが、途中でチョコレートを食べるだけで、トータルの摂取量は増加した。これは感性満腹感（sensory-specific satiety）として注目された現象である。複数の食物を自由に摂取することを許すというブッフェスタイル（日本では"バイキング"といわれている）の食事条件を設定すると、動物であってもヒトであってもその摂取量は増加する。

　図2-6は、アメリカにおける、新発売された食物商品の数と過体重者数の推移を示している。明らかに、商品数の増加に対応して過体重者は増加している。食品・飲料会社にとって、商品の販売量を増やすことは最大の使命である。そのためには消費者に対して、より以上に食べさせる（"eat more"）必要がある。スーパーマーケットの中を散策すれば、「健康」や「ダイエット」に有効な成分を配合した加工食品がところ狭しと並べられている。「安全」「安心」といったメッセージも数多く目にする。しかしながら、これらの「良心的」印象をあたえる多種多様な商品は、"eat more"を最

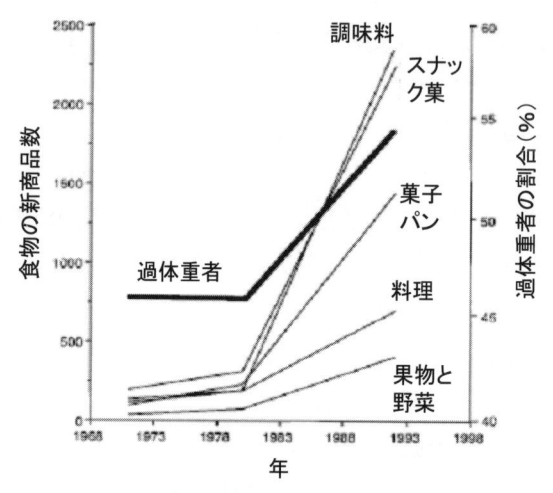

図 2-6　食物の新商品の増加と肥満者の増加
（出典：McCrory, Fuss, McCallum, Yao, Vinken, Hays, & Roberts, 1999）

大使命とする企業の戦略にすぎないといいきることができる（cf., Nestle, 2003）。

　第5は、外食場面で提供される食事量の巨大化である。表2-2は、パリとフィラデルフィアの2都市間における料理サイズの比較である。おおまかな比較にならざるを得ないが、11の比較のうち、Hard Rock Cafeを除く10のケースでフィラデルフィアの方が料理サイズが大きいというものであった。この研究をおこなったロジンはスーパーマーケットで売られている一般的なヨーグルトのサイズも比較しており、それはパリ（Carrefour）で125g、フィラデルフィア（Acme）で227gというものであった。アメリカ人がフランス人と比較して肥満者が多いのは、外食における料理サイズの違いという生態学変数の影響が大きいと論じられた。

　海外へ行くと、レストランなどで出される一食分の食事量が大きくて驚かされることがある（逆に、日本にきた外国人は一食分のサイズが小さすぎて驚くようである）。アメリカだけでなく隣国の韓国などにおいても同

表2-2 米国（フィラデルフィア）と（パリ）における食物サイズの違い（出典:Rozin, Kabnick, Pete, Fischler & Shields, 2003）

比較した店舗	比較した食物の数	食物のサイズが米>仏であった数	食物のサイズ比(米/仏)	食物のサイズ比の範囲
同一チェーン				
McDonald's	6	4	1.28	1.0-1.94
Hard Rock Cafe	2	0	0.92	0.84-0.99
Pizza Hut	2	2	1.32	1.25-1.38
Haagen Dazs	2	2	1.42	1.37-1.48
類似した店				
フレンチレストラン	1	1	1.17	-
ハンバーガー店	5	4	1.36	0.73-1.81
中華料理店	6	4	1.72	0.87-2.78
イタリアンレストラン	3	2	1.02	0.50-1.45
クレープ専門店	4	2	1.04	0.70-1.39
アイスクリーム専門店	2	2	1.24	1.8-1.41
ピザ専門店	2	2	1.32	1.17-1.46

様である。幸いにして日本の場合は、「食べ物を残さない」「もったいない」という食の文化規範が残っており、一食分として提供される食事量は多くない。しかしながら、外食などにおいては、メニューの選択次第で巨大なものとなりうる。表2-3は日米それぞれのマクドナルド公式ページより得た数値である。ハンバーガー、ポテト、ソフトドリンクという単純な3点セットでありながら、組み合わせ次第で、平均的な成人が一日に摂取する熱量の80%以上のカロリーを摂取してしまうのである。

　ファーストフード店に行くと、セットメニューをすすめられることが多い。巧妙なセールストークによって、多くの消費者はその方が安くつくという錯覚に陥る（過剰に購入するのであるから当然支払額は増える）。実際に多くの人はセットメニューを注文し、結果として、カロリーを過剰に摂取してしまう。

　また最近、カップ麺の業界では「大盛」商品が流行している。一食で700Kcalを超えるものも珍しくない（例えば、東洋水産の「マルちゃん大

表 2-3　外食による高カロリー食構成の例
（出典：日米それぞれの McDonald's の公式ホームページ：Date, 2005, sept.）

items U.S.	g(ml)	kcal	Kcal(fat)	g(fat)
Double Quarter Pounder with Cheese	280	770	430	47
Large French Fries	171	520	230	25
Chocolate Triple Thick Shake (32 fl oz cup)	888	1150	300	33
(Total: 2440Kcal)				
日本	g(ml)	kcal	Kcal(fat)	g(fat)
ダブルマックグラン	285	735	−	46.4
マックフライポテト(L)	170	529	−	27.9
マックシェイクチョコレート	262	299	−	1.6
(Total: 1613Kcal)				

盛香味仕立てねぎ塩焼そば」は 793Kcal である）。このような大盛りカップ麺に、ポテトチップス（例えばカルビーの「カルビーポテトチップスうすしお味（90g）」は 504Kcal である）とソフトドリンク（例えばカルピスの「カルピスソーダ（350ml）」は 175Kcal である）を摂取すれば、簡単に 1000Kcal を超えてしまう（上記の例では 1472Kcal）。日本の食環境においても、安易な食物選択をすれば一食分のエネルギー量は巨大なものになることがわかる。女性の中には、甘くない洋菓子を好んで食べる人が多いようである（欧米からの旅行者は、日本の洋菓子の美しさに魅了されるが、同時に、甘くないことに驚く）。しかしながら、乳脂肪分のカロリーは高く、砂糖を少々減らしても全体としてのカロリー量はあまり変わらない。

　第 7 は、食物繊維の摂取量の減少である。これは第 1 のところで述べた脂肪エネルギー比率の問題とも関連する。研究によれば、食物繊維の摂取はインシュリンの分泌を低め、インシュリンによる脂肪蓄積を抑制する。他方で、糖や脂肪はインシュリンの分泌を高め、結果として体脂肪の蓄積

を促進する。幼児を用いた興味深い実験を紹介しよう。いつもの決まった食事の前に、週に2回、食事の前にチョコレート入りのミルクか、何も入っていないミルクかのいずれかが与えられた。チョコレート入りの方は甘く、高脂質であり当然カロリーも高い。実験は8週間にわたって続けられたが、いずれのミルクを飲んでも後続する食事における食事量に違いは生じなかった。砂糖や脂肪に特徴づけられる食物は、摂取カロリーの調整に十分な機能を果たさない可能性が示唆される。

　第8は、食事リズム、生活リズムの不安定化である。人類の歴史において、食事は毎日の生活リズムを作るもっとも重要な出来事であった。また料理に要するコストを軽減するために、人類は、集団（家族）を単位に食事を用意し（調理し）、摂食もまた集団（家族）を単位としておこなってきた。しかし現在の飽食環境は、そのようなコスト意識を必要とさせない。すでに中食・外食産業の多くは、個を単位とする食物を提供してきており（「個食パック」として売られているものを目にする機会は多い）、家族のそれぞれが、好きな時に、好きな場所で、好きなものを食べることができるという時代に入っている。

　先に述べた過食の境界モデルを思い出して欲しい。食行動の開始には、心理制御による部分が大きい。すなわち生理制御による強い空腹感を感じなくとも、ちょっとしたことで摂食は喚起されるのである。食事リズムが確立していなければ、それだけ心理的な要因の影響をうけやすくなる。また一方で、いつでも食べられるという環境は、食事の開始を遅らせ、生理制御による空腹感の喚起を待って摂食が開始されるというケースも多くさせる。そのような時の食行動はダイエット境界線を容易に突破させる。夕食を食べそびれ、深夜に食べる食事が、夕食で食べたであろう以上の食事量になることが多いのはこのような理由による。

　食事間の時間間隔が長くなったり短くなったり安定せず、また一回の食事量も不安定になると、内分泌系の調節が不安定になり、結果として体脂

肪の蓄積が促進される。いつどれだけのエネルギーが入るかがはっきりとしないために、身体がエネルギーの貯蔵とその消費における"節約"に励むようになるためである。

　現代は、人類の歴史の中でも希有な、食物に満ちあふれた社会である。今なお飢餓に苦しむ人々（国々）が存在することは事実であるが、これほど広範囲の国々で、多くの人々が飽食化しているのは異様である。ここでは、食物の入手可能性を第1として、計8点から食べ過ぎる理由について検討してきた。現代の飽食環境がわれわれをして食べ過ぎを促し、結果として肥満者を増大させているのである。比喩的に言えば、現代とは、何もせずに口を開けていれば食物がどんどんと口の中に入ってくる世界である。このような環境のなかにあってわれわれは、どうすればやせること、太らないでいることができるのだろうか。章をあらためて、そのことについて考えてみたい。

第3章　かしこくやせる

第1節　なぜやせることが難しいのか

　第2章で述べてきたように、われわれは取り込んだエネルギーを身体内に蓄え、できるだけ使わないようにしようとする"倹約家"である。その一方で現代の飽食社会は、エネルギー源である食物をあの手この手で摂取させようとする社会である。われわれは、太りやすくなるようにバイアスのかかった動物でありながら、"おいしい"ものが安価に、容易に、いくらでも入手できる環境におかれているために、食べ過ぎて肥満していくのである。エネルギーの出入力を監視している脳は、食行動の統制（コントロール）のかなりの部分を心理制御にゆだねている。食べ過ぎてしまっても、何ら不思議はない。さらにやっかいなことに、現代社会はエネルギー消費を最小限に抑えて生活できる装置に満ちあふれている。太るための条件がそろいすぎているのである。

　このような状況を図示したものが図3-1である。中央の樽が人間であり、そこに注がれる水がエネルギーであると考えてもらいたい。水（エネルギー）が入りすぎると、ホースの一部が樽の底で踏みつけられているために、水の出方は弱まる。水があまり入ってこなくなると樽は軽くなり、ホースを押さえつける力が弱まり、水の出がよくなる。いわば生理制御の部分である。また、樽はその隙間から絶えず水を漏らしている。これらの水漏れが基礎代謝、運動、食事誘発性熱産生によるエネルギー消費に対応している。

　この模式図から現在の状況について考えてみよう。供給熱量は消費熱量

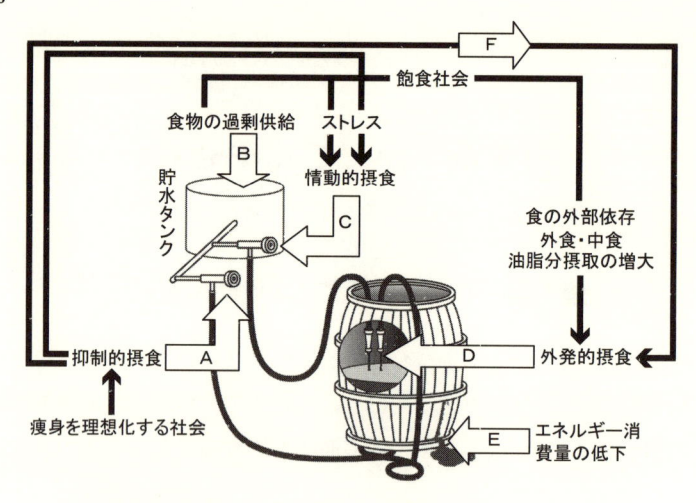

図 3-1　飽食社会における水漏れ樽（出典：Pinel, 2002 を基に今田，2005 が作成した図をさらに改変）

の約 1.4 倍である。貯水タンクにかかる水圧は高くならざるを得ない（図中のB）。"おいしい"ものが多いとホース先端の蛇口はゆるみっぱなしとなり、少々樽が重くなっても水の勢いの減じることはない（図中のD）。樽の隙間は補修され、隙間から漏れる水は減りこそすれ増えることはない（図中のE）。われわれは"意志の力"で水道の栓をきつく締め付けようとする（図中のA）。しかし、手を離すとただちに栓はゆるみ一挙に水が流れ出す。それだけでなく、いつの間にか別のホースからも水が樽に入り始める（ストレス誘発性過食、情動的摂食：図中のC）。食物の入手がきわめて容易であることから、軽度のストレス、ネガティブな感情状態によって、その2番目のホースの元栓は簡単に開けられてしまう。

　このように見ていくとやせることがいかに難しいことであるかがよくわかる。ダイエット産業が巨大化の一路をたどるのは、そこで提供される多種多様な方法をいくら駆使してもなかなか減量に成功しないためである。第2章で紹介したハーマンとポリビーは、さまざまなダイエット法を

試みても成功せず、挫折し続ける人たちを偽りの希望症候群（false hope syndrome）と呼んだ。減量に成功するとは本気で考えておらず、ただ新しいダイエット法にチャレンジするということが一時的、直接的な報酬となっているために、ダイエットを繰り返すという人たちである。

現代社会とは、やせることがはなはだ困難な社会である。しかしながら一方には、やせすぎてしまった人たちがいる。第1章で紹介したように現在、20歳代女性の4人に1人は、低体重者に分類されている。問題はすでにやせているにもかかわらず、太ろうとはしないこと、むしろさらにやせようとする点である。当然のことながら、彼女らがより以上にやせることは、太った人たちがやせることよりも難しい。以下では、やせる必要のある肥満・過体重者のケースと、やせる必要のない低体重者のケースとに分けて話しをすすめていきたい。

1）肥満・過体重者の場合

なんらかの病気にかかっているという自覚症状がなく、生活に不便も感じておらず、毎日の食事もおいしく食べているのならば、多少太っていても気にならないという人は多い。しかし糖尿病や代謝内科を専門とする医師から見れば、これはいらだたしく、ばかげた話しとなる。肥満が、糖尿病や高血圧症などの合併症を引き起こし、またそれらを悪化させる大きな一因となっていることは、数々の疫学データや実験データが示しており、疑う余地はないと確信しているためである。特に問題にされるのは、内臓内での脂肪蓄積に特徴づけられる脂肪細胞機能異常とよばれるタイプの肥満である（表3-1参照）。これは内臓脂肪型肥満、上半身型肥満ともよばれる。他に皮下脂肪蓄積に特徴づけられるタイプの肥満もあるが、こちらの方の健康リスクはまだ低い。

図3-2は東京逓信病院内分泌代謝内科で受診した肥満者の合併症発生率である。併発させているケースが多く、特に男性では3～4の疾病を併発させている。これらは肥満に起因するかあるいはそれとの関連性がつよく、

表 3-1　肥満の２つのタイプと合併症（出典：宮崎，2005）

脂肪細胞機能異常に基づく肥満症（内臓脂肪型肥満）			
糖尿病・耐糖機能障害	高血圧	脂質代謝異常	
高尿酸値・痛風	脂肪肝	心血管疾患	脳梗塞
脂肪組織量の増加による物理的障害に基づく肥満症（皮下脂肪型肥満）			
変形性関節症	睡眠時無呼吸症候群	月経異常	

　複数の病気を併発させることが多いがために、合併症（肥満の合併症）とよばれる。治療は薬物投与を中心とする専門的治療となるが、体重の減少、体脂肪の減少により改善されるケースが多い、とのことである。

　脳卒中、心疾患による死亡率は低下の傾向にあるが、高血圧、糖尿病などは、中高年男性で増加している。糖尿病（対糖代謝異常）、高脂血症、高血圧は早期においては無症状であるが、発見が遅れ放置されたままであれば高率で死に至ることから、silent killer（静かな殺し屋）と呼ばれている。

　ここで、飲酒し、ヘルメットをかぶらずに、オートバイにのる若者を想像してもらいたい。オートバイはフレームが少々歪み、タイヤの空気圧も不足気味という整備不良の状態にあるとしよう。気持ちよく発進させ、クルマで混み合う国道を高速で走り抜けていく。黄信号は無視し、赤信号もあまり気にしない。

　ここで問題になるのは、交通事故を起こし、死亡するか大けがをするというリスクである。このオートバイ乗りは、このようなリスクをあまり考えていない。合併症を放置したまま、これまでと同じ食生活を続けることは、このオートバイ乗りに匹敵するリスク行為とみなされる。

　われわれ（健常者）は自分の死亡あるいは車椅子生活を強いられるほどの大病・大けがを想像することがなかなかできない。不確実性（uncertainty）が高いために、賭博者の錯誤（gambler's fallacy）、否認（denial）といった帰属の誤り（attribution error）が生じ、さらに制御幻想（illusion of control）をもってしまうためである。つまり、そのような

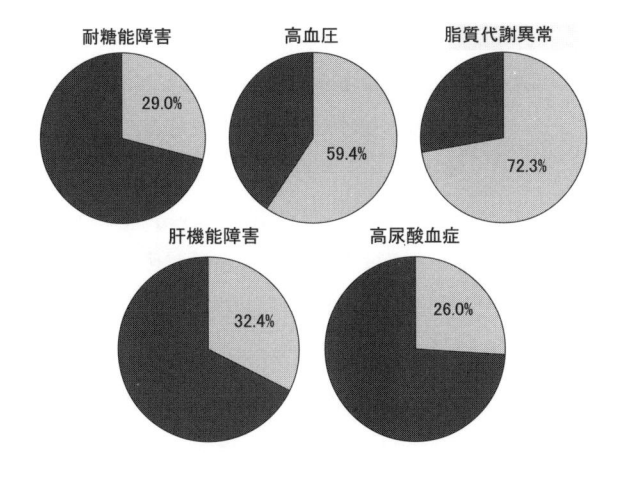

図3-2 肥満合併症の合併率（出典：宮崎，2005）

不幸は自分にはおきない、自分だけは大丈夫であるという錯覚、思いこみにおちいってしまう。

またわれわれは、多少痛い目にあっても、しばらくすると、その結果を自分に都合のよいように解釈してしまう。社会心理学ではこのような現象を、認知的不協和（cognitive dissonance）を解消しようと「不十分な正当化」（insufficient justification: 非合理的な自己正当化）をするためであると説明する。つまり、自分は正しい（正しかった）と居直ってしまうのである。

残念ながら社会心理学の多くの知見が教えてくれることは、人間は「おろか」で、身勝手であるということである。かつて植木等が歌い大ヒットした「すーだら節」の中の有名なフレーズは「わかっちゃいるけどやめられない」というものであった。過食あるいは「おいしい」ものがあればいくらでも食べる、といった行動習慣はそうそうに変えられるものではない。われわれはさまざまなヨロイをきて、長年にわたり身につけてきた行動に固執し、その防衛にあたる。

筆者自身、現在、机の上に数々の疫学データを並べ、糖尿病、高血圧、

肥満（脂肪細胞機能異常）の放置がいかにリスクの高いものであるかについて勉強をしている。しかしながら自分自身が脳卒中、急性心疾患で死亡する可能性、あるいは透析を受ける日常を想像しようとすると、とたんに「ありえない」と思ってしまう。このような自分だけに都合のよい、非合理的な認知が「わかっちゃいるけどやめられない」という結果をもたらす。

やせることは容易なことではない。しかし"やせなければならない"人は、自らの死とQOL（Quality of life: 生活の質）の大幅に低下した日常生活を想像する努力をする一方で、「自分だけは大丈夫」という考えが、われわれ人間が共通してもつ思考法の罠であることを肝に銘じる必要があるだろう。

2）低体重者（やせ）の場合

低体重は、いきすぎたダイエット（摂食制限）だけでなく、感染症、胃腸障害、味嗅覚の機能障害、アルツハイマー、エイズ、覚醒剤中毒などによっても生じる。もちろん、日本人女性の低体重化は感染症などによって説明されるものではない。明らかにいきすぎたダイエット（摂食制限）が原因である。さらにやっかいなことに、第1章でも紹介したように、経済的に豊かな国々の中にあって日本人女性の低体重者割合はきわだって高い（図1-3参照）。はたしてどのような理由からこのようなことが生じたのだろうか。またどのようにすればよいのだろうか。

1980年代以降、ダイエット行動をつよく動機づけるものとして痩身願望が注目されるようになり数多くの研究がおこなわれてきた。痩身願望は、本人が知覚・認知している現在の自己体型像（身体心像）と理想化された女性体型像（理想体型）とのギャップによって生じる。理想体型は、テレビや雑誌に登場する歌手やタレント、ファッションモデルといった女性たちの体型から作られる。

はたしてファッションモデルらは、どのような体型をしているのだろうか。2006年9月スペインから興味深いニュースが届けられた。あるファッ

ションショーに出演予定であったモデル68名中5名がBMIが18に達していないという理由で「失格」となった。ファッションショーの主催者が、マドリード州当局からの「やせすぎのファッションモデルは若い女性に誤ったメッセージを与える可能性がある」との要請を受け入れた結果であった。事前に出場条件が周知されていたためか、多くのモデルは「体重が少なすぎる」として、体重測定を受ける以前に出演を辞退しており、その割合は前年度に出演したモデルの3〜4割になったともいわれている。

　アメリカでの研究にこのようなものがある。33のテレビ番組を対象に出演者の体型を分析したところ、女性タレントの69％は「やせ」であり、5％が「太め」であった。その一方で男性タレントの「やせ」は18％にすぎず、26％が「太め」であった。また別の研究によると、女性の実験参加者らに、スリムな女性タレントの登場する映像をみせた直後に自己体型を評価させると、そのような映像を見せなかったときと比較して、体型不満足感がつよく現れた。カナダやアメリカの研究によれば、このような自己体型への不満足感はすでに10歳ごろから見られるという。

　つよい痩身願望は単なる自己体型への不満足感以上のものを生み出す。これまでにおこなわれてきた日本および欧米の研究において、痩身願望と自尊感情とは逆相関の関係にあることがわかっている。また、日本の女子高校生と女子大学生の2グループで両者（痩身願望と自尊感情）の相関関係を検討した研究では、高校生グループにおいては相関関係はみられなかった（$r = -0.141$, $n = 53$, ns）が、大学生グループにおいては有意な逆相関（$r = -0.298$, $n = 91$, $p < .01$）がみられた。この結果は、痩身願望と自尊感情との関係が10代後半から20代以降にかけて段階的に変化していくことを示唆している。すなわち、強い痩身願望は、自己体型に対する不満足感に始まり、やがて自己存在の全否定をみちびくものとなっていく可能性が示唆される。

　自己体型の誤認知（誤知覚）も重要な問題である。図3-3は、「平成16

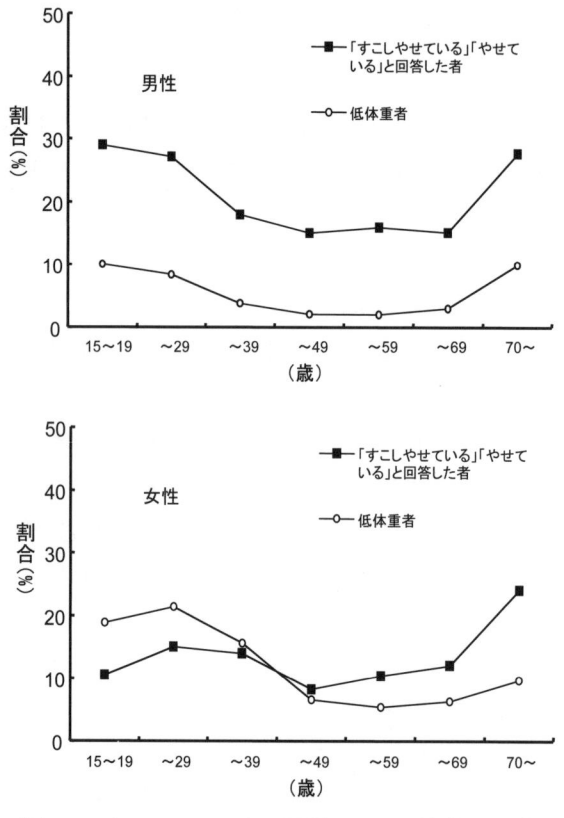

図 3-3 やせていることの認識における性差ならびに世代差（出典：平成16年国民健康・栄養調査）

年国民健康・栄養調査」の結果から作成したものである。この調査では「あなたは太っていると思いますか。やせていると思いますか。」と質問し、「太っている」「少し太っている」「ふつう」「少しやせている」「やせている」の5つの選択肢から回答を求めている。

図3-3では、「少しやせている」「やせている」のいずれかを選択した者の割合を、性別、年代別に図示し、同時に、実際の体型が低体重である者

（BMI ＜ 18.5）の割合を合わせて示した。男性の結果を見ると、低体重者の割合と「少しやせている」「やせている」と回答した者の割合は、各年代でほぼ一定である。しかしながら、女性の場合は、30歳代後半から40歳代前半にかけて2本の線はクロスしている。このことは何を意味するのだろうか。10代後半から20歳代にかけた低体重女性の多くは、自らを「やせている」と認識していないのである。このような自己体型の誤認知（誤知覚）は、男女大学生を対象とした調査によっても同様にみられている（今田, 2000, 2005）。

　自己体型の誤認知（誤知覚）は食障害患者に特徴的なものである。やせていてもやせているとは思えず（感じない）、病識が欠如した症状である。筆者らは最近、このような体型誤認知を数値化し、自尊感情との関連を女子高校生並びに女子大学生を対象に検討した（今田・田崎・瀬戸山, 2007）。その結果、大学生グループにおいては有意な負の相関（－0.263, n = 91, p ＜ .05）が見られたにもかかわらず、高校生グループでは無相関（0.063, n = 53, ns）という結果が得られた。強力な痩身願望は、自尊感情の低下と結びつくだけでなく、自己体型の誤認知とも結びついているのである。

　多くの（若い）女性は低体重（やせ）体型を理想化し、現実の自己体型に不満足感を抱き、その中の一部の人たちは全人的な自己否定感（自尊感情の低下）をもつようになる。さらに、自己体型そのものの認知（知覚）すら不安定になっていく。いきすぎたダイエットが食障害をみちびくといわれる背後にはこのような心理変化が機能しているといえよう。

　低体重（やせ）の人がより以上にやせることは、肥満の人がやせること以上に困難である。わずかしか残っていない脂肪を減らすことは不可能に近く、やせるためには筋肉（内臓）や骨の重量を減らさざるを得なくなる。骨粗鬆症患者の大多数は閉経後の女性であるが、若い時の骨量が年をとってからの骨密度に影響すると報告されている。低体重は、先に述べた肥満・

低体重のケース同様に、心身の両面にわたった健康障害のリスクが高いといえよう。

　低体重がなぜ理想体型となったのだろうか。ここには痩せを礼賛し理想化する社会（メディア）と、その社会が生み出した、やせ＝魅力＝(女の)価値＝理想という公式が存在するようである。多くの女性はその公式を受け入れているのである。

　テレビ、雑誌、さらにインターネットは視覚優位の情報媒体であり、このような視覚優位性が続く限り、やせを理想体型とする文化規範の崩れることはないであろう。衣服の選択肢が多いこと、食費が安上がりにすむことなど、主観的に知覚されている（認知されている）やせのメリットにはさまざまなものがある。しかしながら栄養障害に陥るリスクだけでなく、重篤な食障害に陥るリスクが高まること、さらに、必ずしも"魅力的"には見えず、また"女性らしい"とは評価されないといったデメリットについてはあまり考慮されていない。先に、なんらかの選択を決定した後には「不十分な正当化」（認知的不協和の低減）がおこなわれるということを述べた。メリットを意識化しデメリット（リスク）を意識化しないという点では肥満者の行動様式と同様である。非合理的で身勝手な思考法の罠がここにも存在するといえよう。

第2節　やせる方法

　欧米ではBMIが40（身長150cmの人で体重が90kg以上となる）を超える肥満も珍しくない。数十kgもの脂肪が身体に蓄積されており、もはや日常の生活そのものが困難となる。減量にはさまざまな方法が用いられてきた。以下ではそれらを紹介していく。

　1）手術

　開腹し脂肪を切り取ったり、脂肪を吸引し除去する。また胃の上方をワ

イヤーで縛り、そこに小腸を直接ぬいつけ、消化吸収のかなりの部分をバイパス化するという手術もおこなわれてきた。しかしながら、これらの手術の副作用は大きく現在は推奨されていない。

2）物理的治療

顎をワイヤーで固定し、液体しか摂取できないようにする。またゴム風船を飲み込ませ、それを胃の内部でふくらませるという方法もある。いずれも効果は弱く、現在はおこなわれていない。

3）薬物治療

CCK（cholecystokinin: 食物摂取によって腸より分泌されるホルモンで、満腹感の喚起、食行動の停止に関与している化学物質）、覚醒剤（amphetamine）が効果的であるが、前者は注射によってしか投与できず、後者はいうまでもなく中毒を引き起こす。アメリカでは1999年に複数の食欲抑制剤が発売された（日本では認可されていない）。Xenical という商品名で知られる orlistat は、腸内での脂質吸収を妨害し、摂取された脂質の約1/3を便として排出させる。副作用として、一部のビタミンの吸収阻害、腸膨満、腸内でのガス発生、軟便（あぶらっこい便）、便失禁などが報告されている。さらに一日あたり4ドル〜5ドルの費用がかかるという問題も大きい。しかしながら、このような問題があるにもかかわらず、現在アメリカではかなりの数の人々が服用しているとのことである。

日本の肥満外来においては、高度肥満（BMI ≧ 35）に対して保険適用になっている食欲抑制剤（マジンドール）を処方する場合がある。これは向精神薬であり、口の渇き、便秘、吐き気、不眠、頭痛、めまい、いらいら感といった副作用だけでなく強い依存性も生じさせるために、即効性を必要とする減量目的でのみ使用されている。

研究レベルのものであるがセロトニン（serotonin）を上昇させる薬物も効果的である。これはうつ病患者のセロトニン分泌量が低いという事実と、炭水化物の摂取はセロトニン分泌を促進するという事実から導かれた

仮説に基づくものである。すなわち過食（特に炭水化物渇望）はセロトニン分泌を促す必要から生じたものであり、直接セロトニン分泌を高めてやれば、過食をしなくなると考えられた。肥満者の一部はうつ状態になると過食にはしる傾向があり、そのような肥満者に対しては効果的であるといわれる。しかしながら今現在、論争中であり結論はでていない。

4）"魔法の薬"（サプリメント）

　薬局の健康コーナーへいけば、実に多種多様な"やせ薬"が売られている。インターネットでいくつかのページにはいってみると、"ダイエットサプリメント"としてガルシニア、キトサン、ギムナム、レシチン、EPA、DHA、シトラスアランチウム、杜仲エキス、L‐カルニチン、コレウスフォルスコリ、フォースリーン、マテ（マテイン）、ファビノール、ファセオラミン、α‐リポ酸といった物質名が次から次へとでてくる。商品には「ナイスボディの必需品」「炭水化物が好きでつい食べ過ぎてしまう人に」「パンツスタイルをスッキリ決めたい人に」という魅力的なコピーがところせましと付けられている。その多くは錠剤タイプであるだけに医薬品と思いがちだが、少なくとも日本においては食品扱いである。2001年よりスタートした保健機能食品制度では、メーカーからの申請に基づき、厚生労働省が審査し、条件を満たした食品に対して、特定保健用食品（トクホと言い方が広まっている）あるいは栄養機能食品という表示が許されるようになった。「体脂肪が気になる方に」という宣伝コピーを冠したお茶飲料やサラダ油などがよく知られているが、これらもまた医薬品ではなく食品である。なお、特定保健用食品制度は1993年に表示許可第1号商品が発売され、2005年12月末段階で569品目となっており、市場規模は6299億円とのことである（日本健康・栄養食品協会、http://www.jhnfa.org/index.htm）。

　サプリメント市場は巨大なものとなっており、アメリカでは約48億ドル（約5600億円、2003年）、日本においても2006年予測値として、1131

億円という数値が算出されている（富士経済株式会社、https://www.fuji-keizai.co.jp/market/06003.html）。なお、後者は「健康食品」（6187億円）と「サプリメント」（1131億円）をあわせたものを「機能志向食品市場」（6318億円）とし、「機能志向食品市場」のなかでも「ダイエット食品」（1071億円、04年比4.7%増）が注目される市場であると分析されている。販売経路は通信販売が36％、訪問販売が33％、薬局・薬店が20％強ということである。

これらのダイエット食品はその効果がない（あるいははなはだ疑わしい）だけでなく、中には、毒性をもつものがある。脱水症状、心拍上昇、心細動（心停止に類似した状態）、肝障害、甲状腺機能障害、下痢といった健康被害をもたらすことが知られている。

厚生労働省のホームページに入り「報道発表資料」（http://www.mhlw.go.jp/houdou/index.html）に移動し、左上の「拡張検索」に「ダイエット用健康食品」と入力してみよう。これまでの健康被害例を知ることができるだけでなく、「健康食品」「ダイエット用健康食品」といわれるものがいかに健康被害リスクの高いものであるかがよくわかる。先に紹介したマジンドールなども、「やせ薬」として無承認無許可で使用されていることが判明し、発売停止・回収を指示されたという「事件」があったことなども知ることができる。

神経性大食症患者（BN）の食行動を特徴づける心因性過食（binge eating）は排出行動を後続させることが多い。その際に患者らが用いる手段の一つに、利尿剤と下剤の大量服用がある。これらは脱水症状、胃腸障害をもたらすだけでなく、トイレにいく回数を増加させ、また便失禁などをもたらし、急速にそのQOLを低下させていく。（インターネット掲示板"2チャンネル"には、"【浮腫】利尿剤・下剤2粒目【腹痛】"（2006/11/12現在594件）とタイトルしたものがあり、その実情、実態を知ることができる。同様な掲示板は今後においても容易に見つけ出すことができよう）

5）喫煙

　喫煙行動とそれにともなうニコチンの薬理作用は体重の維持、減量に効果があるといわれる。日本の喫煙人口は年々減少してはいるが、20歳代女性の喫煙者は微増の傾向にある。その喫煙理由の一つは「ダイエット」である。喫煙中は当然食物を摂取することができず、余分なカロリーの摂取を防ぐことができる。

　喫煙はやせること（あるいは、太らないこと）に効果的であるといえよう。しかしながら、いうまでもなく、覚醒剤同様に中毒作用がつよく、また肺ガンのみならず血圧上昇などの健康障害リスクも高い。さらに健康増進法により喫煙スペースなどの規制も受けており、社会的に受容されない迷惑行為となっている。決して推奨される方法ではない。

6）摂食制限（ダイエット）

　もっとも簡便な方法が摂取カロリーの抑制（ダイエット）である。すでに第2章で述べたように、長期的に見ると成功率は低いが、短期的には成功しやすい（2～3日のダイエットで体重を数キロ落としたという例は珍しくない）。方法は大きく2つに分かれ、特定の栄養素（食品）の摂取を制限する方法と、一日あたりの総摂取カロリーを抑制する方法がある。

　特定の栄養素（食品）の摂取を制限する方法としてもっとも一般的なものは、高カロリーである砂糖、脂質の摂食制限である。アメリカの調査によれば、80％もの人が"sugar-free""fat-free"の食品を摂取し、また、そうすることによって減量が期待できると考えている。しかしながら別の研究によれば、たとえ低カロリー食を摂取しても、その減少分を補償するようなカロリー摂取が別の機会におこなわれており、結果として総摂取カロリーはかわらなかった。まさに朝三暮四の世界である。

　アメリカではオレストラ（olestra）と呼ばれる人工代替油脂がよく知られている（日本では認可されていない）。脂肪と類似した構造でその風味も変わらない。腸内で消化・吸収されずに排泄されるので、カロリー摂取

を回避できる。オレストラは、ビタミンD、ビタミンE、ビタミンK、ビタミンAといった脂溶性ビタミンを分解してしまう（そのためにオレストラ製品にはこれらのビタミンが最初から添加されている）。さらに副作用として、腹痛、下痢、便失禁などの生じることがある。また研究によれば、小腸に直接オレストラを散布しても満腹感を喚起させることはなく、CCKが分泌されることもなかった。すなわち油脂分を摂取しているという口腔感覚を一時的に満足させることはあっても満腹感を喚起させることはなく、低カロリー食品を摂取する場合と同様に、トータルでみると補償的なカロリー摂取がおこなわれてしまう。

　近年、欧米で注目をあび、日本においてもよく知られている方法に低炭水化物食事法がある。これは、炭水化物を一切摂取しない（あるいは極力少なくする）というものであり、他は普段通りに食べて構わないというものである。比較的実行しやすいことからアメリカでは広く普及している。実際に減量効果はある。しかしながら長期的にみて持続可能かつ無害な方法なのかについては疑問が投げかけられている。飽和脂肪（豚肉の脂身部分など）の摂取量が多くなり、そのことによって粥腫（atherogenic）が発生しやすくなること、さらに骨粗鬆症、腎臓機能障害、ストレス、作業記憶の機能低下などが危惧されるためである。さらに日本人については、伝統的にカロリーの相当部分を炭水化物から摂取してきた民族であるだけに、このような食事に生理機能がどの程度持ちこたえられるかが不明である。心理面においても同様で、はたしてどれだけの人がご飯、ぱん、麺類、イモ、お菓子のない食事に耐えられるかという問題がある。いずれにせよ、ステーキ、チーズ、ミルクだけをふんだんに食べられるダイエット法であり、欧米の人には受け入れられやすい方法である。

　第2の総摂取カロリーの抑制はかなりの人が一度は試みた方法であろう。この方法の難しさは、食習慣という長い年月を経て獲得されてきた行動習慣を"意思の力"で変容させようとするところにある。残念ながら先にも

述べたように、行動習慣というものは一時的な"意思の力"で容易に変容するものではない。

　総摂取カロリーの抑制（ダイエット）を開始し始めると幾つかの心理変化が現れる。第1のものは、食物に対する外発反応性が高まることである。食物の味やニオイといった感覚刺激に対して敏感に反応するようになり、食欲が喚起されやすくなる。図3-1の図中Fはそのことを示している。"おいしい"ものに目がないから太るのではなく、太るまいとするから"おいしい"ものに目が奪われるのである。

　第2のものは、感情状態が不安定になり、イライラし落ち着かなくなるいったストレス状態に陥る点である。このようなストレス状態が摂食を喚起させやすくなるということは動物や人を用いた数多くの実験、調査において示されてきた。ストレス誘発性過食といわれる現象である。

　強いストレスは交感神経系を興奮させ、摂食を抑制させる。しかしながら、戦闘場面など生命維持が危ぶまれるような場面でなければ、"寝食を忘れる"というようなところまでにはいかない。日常に経験する軽度のストレスは、摂食によるストレス緩和効果（気分をまぎらわせ、落ち着かせる）から、逆に摂食を喚起するといえよう。

　総摂取カロリーの抑制は、第2章で述べた脱抑制性過食とともに、外発反応性の高まりによる外発性摂食、ネガティブな気分（軽度なストレス）による情動性摂食を喚起させやすくなり、一時的に成功した減量も、これらの摂食行動によって容易にその減量分を補償し、さらに上回るカロリー摂取をもたらすことになる。総摂取カロリーの抑制は、長期的な視点からみると減量に効果がない。

7）運動（エクササイズ）

　現在もっとも推奨されている体重減量法は運動である。運動そのものによるエネルギー消費だけでなく、基礎代謝による消費を高める効果もある。しかしながら即効力はなく、長期的にみてもわずかな減量効果があるとい

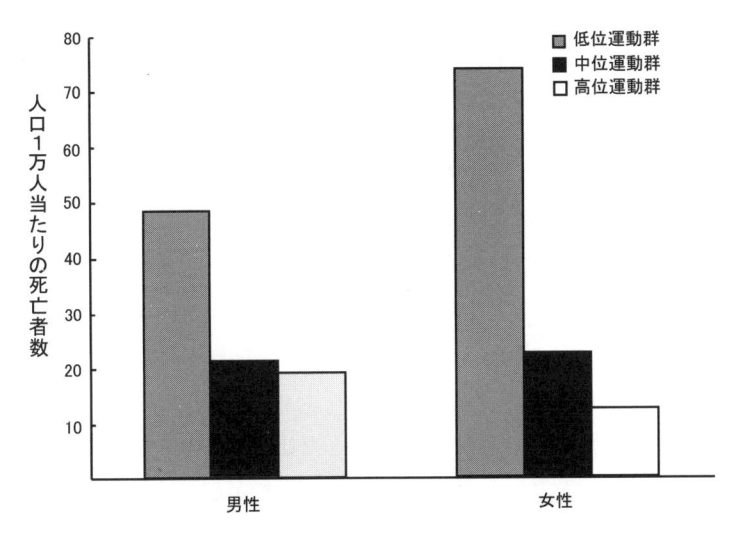

図 3-4 日常の運動量の違いによる死亡率の差異
（出典：Blar, 1993）

う程度にすぎない。少なくとも体重増加を防止する効果はある。

　運動が推奨されるのは、心身の健康状態をより好ましい方向へもっていくことができるという理由が大きい。図3-4は、日常の運動量の違いによって死亡率がどの程度異なるかをイギリス人について示したものである。低位運動群の死亡率が際だって高いことがわかる。この調査によれば、男女ともに運動をしない過体重者の死亡率がもっとも高い。運動は、（悪玉）コレステロールの低下、高血圧の改善、中性脂肪の低下をもたらす。これらはメタボリックシンドロームの診断基準とされる指標である。すなわち運動は、さまざまな肥満合併症（生活習慣病）に罹患するリスクを低めてくれるのである。

　さらに、運動については自尊感情、自己効力感を高め、自己身体体型に対する不満足感を改善するという心理効果も認められている。いわば自信を強めてくれるのである。体重減量に即効的な効果はなくとも、心身の健

康状態の改善に大きな効果が期待されるといえよう。

　以上見てきたように、安全で簡便な体重減量法はない。精神分析、心理療法、認知行動療法、自助集団（self-helping group）への参加などの方法もあるが、いずれも顕著な効果は上げていない。大多数の人たちにとって、失敗するのが体重減量（ダイエット）である。しかしながら、少数ながら成功した人たちの存在することも事実である。はたして成功者らはどのような人たちなのだろうか。

　成功例を分析した研究の多くは、ダイエットの方法ではなく、成功者の心理的側面に焦点をあてている。肥満した原因をどのように考えているか、減量に対する動機づけ（モーティベーション）がどの程度強いものであるか、といったことが体重減量ならびに減量された体重の維持にむすびつくようである。動機づけは、単なる体重減量だけでなく、自尊感情を高めたい（自信をもち、自分自身を心地よい存在であると感じる）というものも含まれる。遺伝や生理機構に関心の強い人よりも心理的側面に関心の強い人の方が成功しやすいという報告もある。

第3節　幸せに生きるために

　戦後の復興経済から高度経済成長期にかけて、日本の経済規模は拡大の一途をたどった。3種の神器（冷蔵庫、洗濯機、掃除機）と新3種の神器（カラーテレビ、自動車、クーラー）はわれわれの日々の労働量を低減させ、余暇（生活余剰時間）を拡大させてきた。同時に、個を単位とする私的空間は、ポータブルオーディオプレイヤー、ポータブルゲーム機、携帯電話によって拡大されてきた。食の世界においても、私的空間は拡大の一途をたどりつつある。私的空間の拡大は、その反動として、公的空間の弱体化をもたらす。私的空間は、公的空間を侵略していくことすらある。

食の個食化は、このような「私的空間の公的空間への侵略」を象徴するものであろう。たとえば朝、家族の一人はインスタントみそ汁（一人前）に湯をそそぎ、レンジで温めたご飯にパック入りふりかけをかけて食べる。しばらくすると、つぎの家族が起き出してパンを食べ始めるという光景は珍しくない。外食はいうまでもなく、個別メニューが一般的である。家庭での家族そろっての夕食ですら、個別パックされた総菜がそれぞれに用意され、同じ食卓で家族が別のものを食べるという光景は珍しくない。

　われわれは長い歴史の中で、突然に現れた夢のような"豊かな"生活を送っている。しかしながら、その"豊かさ"をもてあましているようである。肥満を軸に考えてみよう。飽食社会はエネルギーの入力超過をまねき、生活労働負荷の低減はエネルギーの出力不足をまねいた。生活余剰時間の多くは、テレビ、ゲーム、携帯電話やインターネットなど私的（個人的）な楽しみに費やされている。余分に取り込まれたエネルギーは行き場を失い、体内にとどまる。そのことによって、食べ過ぎまいとする心理制御の負荷が高まる。

　食行動の心理制御に果たす「公的空間」の役割は大きい。何をどれだけ食べるかという問題の答えを、われわれは、知らず知らずのうちに、家族、友人さらにひろく社会・文化から学びとり、食の行動規範として内在化させてきた。「腹八分目」はその典型的なものである。しかしながら、食の個食化に象徴される「公的空間の弱体化」は、そのような学習の機会を減じてきた。食の行動規範は内在化されることが少なくなり、すでにあったものすらも弱体化していく。このような私的空間の拡大は、食行動の心理制御を全面的に個体にゆだねようとする。比喩的にいうならば、以前は他者のまねをして解決できた問題を、今は、自分一人で解決していかなくてはならなくなったのである。肥満・過体重者増加の背景には、このような問題もある。

　はたしてどのようにすればいいのだろうか。以下では、食べる"楽しみ"

を忘れることなく、賢く"やせる"方法を提案していく。

1) 生活のリズムを安定させる

平成17年（2005年）に厚生労働省と農林水産省によって決定された食事バランスガイドは、平成12年（2000年）に制定された食生活指針を、より具体的な行動に結びつけることを目的として策定されたものである。その食生活指針の第2項では「一日の食のリズムから、健やかな生活リズムを」とある。リズムは生命活動の基本であり、なかでも睡眠と食は生活リズムの安定に欠かせない。現代の食環境は、"いつでも" "どこでも" "容易に" 食物を入手できる環境である。それらの自由度を優先させてしまうと、食行動を制御する心理制御への負荷は高くなる。決められた時間に、決められたものを、決められた量だけ食べるというルールを確立させ、それを生活リズムの中に取り入れることにより、心理制御への負荷は低減されるであろう。

2) 身体を動かす

spoiled (spoilt) child という表現がある。甘やかされて育っただらしのない子ども、という意味である。現在の食環境はわれわれを spoiled person にしようとしている。夏は汗をかき、冬場は薄着ですごすというように、意図的に身体を動かす努力をしなければ、元来が"楽をしたい動物"であるわれわれはあっという間に spoil される。すでに述べたように、さまざまな減量方法の中で、もっとも推奨されるものは運動である。即効的な減量効果は期待できないが、緩慢ながらも確実な減量と、なによりも過体重化を防止する効果が期待できる。

3) 無理をしない

無理は心理的ストレスとなり、ストレス誘発性過食の引き金となる。過度なダイエットは、ダイエット境界線の突破とそれに伴う脱抑制性過食を引き起こしやすくなる。短期間にきびしいダイエット（例えば2～3週間で10%の減量など）を試みると、長期的にみれば（半年～1年後）体重

が元に復帰するかそれ以上になり、さらにやっかいなことに、より以上にダイエットの困難な体質になってしまう。

4）塩分をひかえる

これはあまり目にすることのないダイエット法であろう。現代日本人の摂取カロリーの半分近くは外食（持ち帰り弁当、総菜などの中食も含める）である。その食事を特徴づけているものは、化学調味料（現在は「調味料（アミノ酸）」といった表記となっているが、グルタミン酸ソーダに代表される化学合成された調味料のことである）と油脂さらに食塩である。この食塩＋油脂＋化学調味料という組み合わせは、製造者（調理者）側からすると、安価かつ容易に"おいしさ"をつくれるというありがたい"方程式"である。逆に言えば、塩分の多い食事に慣れることによって、油脂を取りすぎ、またより以上に「うま味」の強調された食事を食べることとなる。

食事を低塩化することにより、油脂の風味、化学調味料で強調された「うま味」に対して敏感になる。食べることの心理的満足は、多種多様な味とニオイを感じることによって生じる。低塩はそのような機会を増やしてくれるであろう。

5）「適度に太め」のよさをイメージする

現在の医療（行政）は、BMI ＝ 22 〜 25 に、新たなリスクゾーンの設置を検討している。疫学統計上、BMI ＝ 18.5 〜 22 というゾーンはもっとも健康リスクの低いものであるとみなされている。しかし、BMI ≧ 25 であっても、メタボリックシンドロームの基準にひっかからない者も多い。体重減量は容易なことではないだけに、過体重に対する過度な警告はいたづらに不安をつのらせるだけである。

「適度に太め」のよさのイメージが特に求められるのは、ダイエットが「日常の営み」となっている低体重の女性である。男子大学生を対象に、体型の側面から「魅力的な女性」を評価させると、日米の学生ともに、女子学生自身が理想とする体型よりも「太め」の体型を選択する。また当然のこ

とながら、「魅力」は静的な体型シルエットだけでなく、動き、動作、しぐさ、表情、話し方といった動的なものによっても決まる。テレビ、雑誌、インターネットといった二次元世界から「魅力的な女性」像をイメージすることが、魅力＝やせという短絡的な公式を導かせていることに注意を向ける必要がある。

意図して低体重を維持している女性は、適度に太めのよさ、そのメリットをあげていってもらいたい。そのようなイメージトレーニングによって、今手にしている以上の"幸せ"を手にすることができるにちがいない。

6）おいしく、楽しく食べる

食生活指針の第1項には「食事を楽しみましょう」とある。ヒトは社会性動物であり、食は社会行動、文化行動として営まれてきた行動である。社会行動の特徴の一つは、観察学習、模倣による行動獲得である。何を、どれだけ、どのように食べるのかといったことの学習は、食卓を介しておこなわれる。これは子どもに限らず、成人においても同様である。集団で食物を採集・捕獲し、集団で食物を調理し、集団で食物を摂取することは社会性動物としてのヒトがもつ本来的な姿であり、そのことを通じてわれわれは、代々受け継がれてきた社会規範、文化規範を自らのものとし、またそれらを次世代へ送り継いでいくのである。おいしく、楽しく食べるには他者の存在がかかせないといえよう。

一方で、"おいしく""楽しく"食べることは過食への懸念を抱かせる。甘味、油脂が摂取量の調節を困難にし、過食を導く可能性のつよいものであることは先に述べた。またアメリカの研究によれば、1人よりも2人、2人よりも3人と食事場面での共食者人数が増えるほど摂取カロリーは増加する。さらに、共食者が「魅力的な」女性であったとき、男性の摂取量は増加し、その逆に、共食者が「魅力的な」男性であったとき、女性の摂取量は減少するという実験結果もある。"おいしく""楽しく"食べることはもっとも自然で、重要なことではあるが、同時に、過食を誘発させるリ

スクをもつものでもあることにも留意しておきたい。

7）満腹感ではなく満足感を

　食事量の調節にとって重要なものは満腹感ではなく、満足感である。ここでいう満腹感とは過食の境界モデルでいうところの生理制御にもとづく満腹感である。不快感の一歩手前の状態であり、膨満感に特徴づけられるものである。心理的な満足が得られない限り、摂食はなかなか終了しないし、逆に心理的な満足が得られるのであれば、腹部がぱんぱんになるまで摂取しなくとも気持ちよく食事を終了できる。心理的な満足感が、過食の境界モデルで示したダイエット境界線の手前で生起することが食事量の調整にとってもっとも望ましい状態といえる。はたしてそのような満足感はどのようにすれば得られるのだろうか。

　心理的な満足を得るためには、何かを食べて"おいしい"と感じることが重要である。"おいしさ"とは食べるという行為によって得られる快感、充足感、満足感であり、言い換えれば、食物という外界の異物を自己内部に取り込むという行為に対する肯定的評価といえよう。ここでは、今田（2005）に基づき、このような"おいしさ体験"を得る方法について考えてみたい。表3-2は、食の満足感を"おいしさ"という観点から9つに分類して示したものである。

　先に述べた「食塩＋油脂＋化学調味料」といった味嗅覚刺激によって特徴づけられたものだけが"おいしさ"ではない。山登りをして頂上で食べるおむすびのおいしさから、家族や気のあった友人らと囲む鍋料理のおいしさまで、われわれの"こころの満足"を満たすおいしさは実に幅がひろい。われわれが、何を、いつ、誰と、どこで、どのような場面で食べたときに"おいしい"と感じるかを振り返り、そのような"おいしさ体験"を再現させていくことが、食の満足感を得るためには必要である。

8）ケ（単調でありふれた）の食卓を

　民俗学の創始者である柳田国男はハレとケという言葉を用いて、日本人

表 3-2　おいしさ体験からみた食の満足感・満腹感
(出典：今田, 2005, p.59 より一部改変)

おいしさの諸相	プロセス	満足感・満腹感
1 からだで食べるおいしさ	身体生理のプロセス	満腹感
2 目で食べるおいしさ	感覚・知覚のプロセス	満足感
3 鼻で食べるおいしさ		
4 口で食べるおいしさ		
5 気持ちで食べるおいしさ	感情のプロセス	
6 頭で食べるおいしさ	認知のプロセス	
7 つくって食べるおいしさ	社会・文化のプロセス	
8 一緒に食べるおいしさ		
9 感謝して食べるおいしさ		

の生活パターンを説明した。これは1)で述べた生活リズムとも関連する。飽食社会に生きる現代人は、毎日がハレの日であるかのように、食事のたびに多品目にわたるごちそうを用意する。年配の方は思い出して欲しい。昭和30年代ならばカレーライスはそれだけで大変なごちそうであった。しかし現在、カレーライスだけしかない食卓を見れば寂しい思いをするのではないだろうか。われわれは、いつの間にか、"毎日がごちそう"であることに慣れてしまった。

　かつて"粗食"ということばが流行った。料理本売り場に"粗食"をうたった豪華な色刷り料理本が並ぶという皮肉な現象も見られた。"スローフード"ということばも流行った。残念ながら、無農薬有機野菜や"健康に育てられた"家畜を食材とした料理を時間をかけて食べるという、贅沢で優雅な食卓をイメージさせるものとなっていった。ケの食卓とは、言葉の真の意味での粗食とスローフードのことである。わかりやすく、多くの人に受け入れられやすいメニューは、ご飯、みそ汁、香の物と少しの総菜であろう。総菜などは毎食作る必要はなく、一度作れば2、3日は同じものが食卓にでてきて構わない。

重要なことは、ケの食卓（粗食）が繰り返されることではなく、ケの繰り返しの次にハレの日の食卓が訪れることである。ハレの日の食卓は、ごちそうであって構わない。むしろごちそうでなければいけない。おいしく楽しく、かぎりなく"こころの満足"を生み出す食卓であって欲しい。

第4節　おわりに

　幸せに生きるとは幸せに死ぬことである。高齢化の進む現在、中高年男性層に顕著な過体重・肥満化は、将来において肥満合併症に苦しむ多数の高齢者の出現を予測させる。また、低体重である若い女性の増加も明るい未来を予想させない。発展途上国の栄養不良に苦しむ女性同様な免疫機能の低下、生理不順、骨粗鬆症など健康悪化・疾病を予測させるからである。

　人は、もって生まれた生理機構によって"生かされている"だけの存在ではない。また、今現在の快楽のみを追求して"たくましく生きる"だけの存在でもない。未来のことを考え賢明に"かしこく生きる"存在である。またそうあって欲しい。何をどれだけ食べるかという問題は、現代社会が現代人に投げかけた大きな課題といえよう。そこには、怠惰で身勝手で、「自分だけは大丈夫」と信じるリスク意識の低い人々がおり、また一方では、「健康」や「安全」に関する情報にふりまわされ、落ち着きを失った人々もいる。食べ過ぎる方向に大きくバイアスのかかった現代社会にあって、やせることは「かしこく生きる」ための試練の場といえる。やせるためには、"生かされている"身体を、"たくましく、かしこく生きる"身体に育てあげなければならない。

　なお本ブックレットでは論じなかったが、食べるという行為の意味、食物の意味という側面からも「やせる」という問題をとりあつかっていくこともできる。比喩的に言えば、われわれの身体は食物というエネルギーを燃料とする"自動車"ともいえるし、さまざまな物質を物理的化学的に変

化させエネルギーを生み出す"工場"ともいえる。あるいは大地の栄養分、水分を吸い上げて育つ"木々"ともいえるし、供物や寄進で存続する"寺社"のような存在ともいえる。自らをどのように意味づけるかによって、食べる行為のあり方も大きく変わるだろう。食物は、「血となり肉となる」だけでなく、「こころ」をつくるものである。またその「こころ」によって食べ方、生き方は大きく左右される。食べるという行為の意味、食物の意味を問うことにより、より以上に「かしこくやせる」ことができるのではないだろうか。

文　献

今田純雄 2005 食べることの心理学：食べる、食べない、好き、嫌い　有斐閣

Herman, C.P., & Polivy, J. 1984 A boundary model for the regulation of eating, *Eating and its disorders*, A.J. Stunkard, & E. Stellar (Eds.), Raven Press: New York.

McCrory, M.A., Fuss, P.J., McCallum, J.E., Yao M., Vinken, A.J., Hays, N.P., & Roberts, S.B., 1999 Dietary variety within food groups: association with energy intake and body fatness in men and women, *American Journal of Clinical Nutrition*, 69, 440-447.

Nestle, M. 2002 *Food politics: How the food industry influences nutrition and health*, Berkeley, Los Angeles, London: University of California Press.
（ネスル，M. 三宅真季子・鈴木真理子（訳）（2005）．フード・ポリティクス：肥満社会と食品産業　新曜社）

Prentice, A.M., & Jebb, S.A. 1995 Obesity in Britain: Gluttony or sloth?, *British Medical Journal*, 311, 437-9.

Rozin, P., Kabnick, K., Pete, E., Fischler, C., & Shields, C. 2003 The ecology of eating: Smaller portion sizes in France than in the United States help explain the French paradox, *Psychological Science*, 14, 450-454.

瀬戸山裕・青山慎史・長谷川智子・坂井信之・増田公男・柴田利男・今田純雄 2007 食の問題行動に関する臨床発達心理研究（3）—"奇妙な"食と地域変数—広島修大論集（人文編）、47, 149-184.

宮崎滋 2005 肥満の合併症とは？　Q＆Aでわかる肥満と糖尿病（丹水社）、4, 2, 210-212.

＊本稿をまとめるにあたり、以下の書物ならびに民間ウェブサイトを参考にした。

Bouchard, C., Tremblay, A., Despres, J. P., Theriault, G., Nadeau A., Lupien, P. J., Moorjani, S, Prudhomme, D., & Fournier, G., 1994 The response to exercise with constant energy intake in identical twins, *Obesity Research*, 2, 400-410.

Conner, M., & Armitage, C.J. 2002 *The social psychology of food*, Buckingham, Philadelphia: Open university press.

Crister, G. 2003 *Fat land: How Americans became the fattest people in the world*, Boston, MA: Houghton Mifflin Company.（竹迫仁子訳 2003 デブの帝国：

いかにしてアメリカは肥満大国になったのか、バジリコ株式会社、)
Levine, J. A., Eberhardt, N. L., & Jensen, M. D., 1999 Role of Nonexercise Activity Thermogenesis in Resistance to Fat Gain in Humans, *Science*, 283, 212-214.
Logue, A.W. 2004 *The psychology of eating and drinking (3rd.)*, New York: Brunner-Routledge.
Ogden, J. 2003 *The psychology of eating: From healthy to disordered behavior*, Oxford: Blackwell Publishing.
広田すみれ・増田真也・坂上貴之 2002 心理学が描くリスクの世界：行動的意思決定入門　慶応義塾大学出版会
Weststrate, J. A., Dopheide, T., Robroch, L., Deurenberg, P., & Hautvast, J. G., 1990 Does variation in palatability affect the postprandial response in energy expenditure?, *Appetite*, 15, 209-219.
http://www.ediets.com/
http://diet.goo.ne.jp/
http://www.rakuten.co.jp/category/health/
http://www2.ttcn.ne.jp/honkawa/

あとがき

　食べるという行為は生きることに直結する重要な行動です。しかしながら、食行動が環境、社会、文化の影響を大きく受けて獲得・維持されるものであることについては十分な理解が得られていないように思います。現在、富める国々において肥満とダイエットは大きな問題となっています。食の行動科学は、これらの問題を解決していくために幾ばくかの貢献をしていけるのではないでしょうか。行為、行動に焦点をあてた研究のより一層の発展を願うところです。

　肥満とダイエットの問題は、2005年に出版した「食べることの心理学：食べる、食べない、好き、嫌い」（有斐閣）の第7章、第8章でも取り上げました。あわせてご覧いただけますと、この問題についてより一層のご理解がいただけるものと思います。

　本稿は、著者の勤務先である広島修道大学より与えられた「特別研究」期間中（2006年度後期）にその研究活動の一環として書き上げました。一時的とは言え、一人の教員が教育の場から離れることとなり、多くの方々にご迷惑をおかけしました。特に授業・学生指導などを代行して頂くことになりました心理学専攻の先生方に、感謝申し上げます。

　本稿を仕上げるにあたり、広島修道大学大学院人文科学研究科の瀬戸山裕君ならびに青山慎史君のご協力を得ました。ここに記して感謝します。また、文部科学省科学研究費補助金「食の問題行動の測定とその発生機序に関する行動発達学的研究」（平成16-18年度、研究代表者：今田純雄、課題番号：16530438）より、資料収集などにおいて援助いただきましたことを付記いたします。

2007年2月6日

著者記す

【著者略歴】

今田　純雄　いまだ　すみお

1978 年　関西学院大学文学部心理学科卒業
1983 年　関西学院大学大学院文学研究科心理学専攻
　　　　　博士課程後期課程修了
1987 年　広島修道大学人文学部講師（心理学）
1988 年　同助教授
1994 年　同教授、同大学院教授（現時に至る）

　著書に、「たべる：食行動の心理学」（朝倉書店）、「食行動の心理学」（培風館）、「食べることの心理学：食べる、食べない、好き、嫌い」（有斐閣）など

行動科学ブックレット3
やせる　肥満とダイエットの心理

　　　　　　2007年9月20日　第1版 第1刷

編　者　日本行動科学学会
著　者　今田純雄
発行者　吉田三郎
発行所　（有）二瓶社
　　　　〒558-0023　大阪市住吉区山之内2-7-1
　　　　TEL 06-6693-4177　FAX 06-6693-4176
印刷所　亜細亜印刷株式会社

ISBN 978-4-86108-042-5